링구아 프랑카,
영어의 비하인드 스토리

링구아 프랑카,
영어의 비하인드 스토리

지은이 홍성심
1판 1쇄 2021년 8월 31일
1판 2쇄 2022년 10월 15일
발행인 이진숙 펴낸곳 궁미디어(충남대학교출판문화원) 주소 대전광역시 유성구 대학로 99
전화 042-821-6045 홈페이지 www.cnupress.co.kr E-mail cnupress@cnu.ac.kr

ISBN 979-11-6503-132-9 03740
정가 18,000원

이 책은 2019년 국립대학교 혁신사업 지원에 의하여 번역, 출간되었음.

링구아 프랑카,

영어의 비하인드 스토리

홍성심

궁미디어
GUNGMEDIA

나를 언어학자이자 영어 교수로 키워주신 내 어머님, 박상임 여사께 이 책을 바칩니다.
어머님은 2019년 11월에 대전국립현충원에 아버님과 합장되셨습니다.

In the fondest memories of my mother (Park, Sang-Im), I dedicate this book to my parents who rest in peace in the Daejeon National Cemetery, Korea, for loving and raising me to be a linguist and English professor.

이 책은 학교에서 안 배우는 영어에 관한 책이다. 언어내적, 언어외적, 그리고 인문학적 시각에서 바라본 "알뜰신잡" 같은 책이다. 이런 종류의 읽을거리, 혹은 교양적 책을 커피테이블 북Coffee Table Book이라 부른다.

대학생일 때 나는 영어로 '인삼'이 왜 'insam'이 아니고, '진셍' 'ginseng'인지, 은행나무의 '은행'이 영어로 왜 'ginkgo'인지 알지 못했다. 우리나라의 고추장이 'gochujang'이란 영어 단어가 된 것은 2018년의 일이다. 따라서, 이 책은 영어에 관심있는 사람이라면 가질 법한 쏠쏠하고 재미진 의문과 관심사에 대해 가볍게 읽을 수 있는 책으로 쓰여진 책이다.

오늘날 모국어로서, 제2언어로서(ESL), 혹은 외국어로서 영어(EFL)를 사용하는 화자는 대략 13~14억 명이 넘는다. 영어가 모국어인 화자보다 ESL이나 EFL 화자가 훨씬 많다. 여러 해를 끙끙 앓다가, 영어를 "공부"해야 하는 처지를 벗어난, 혹은 그런 처지를 벗어나고 싶은 교양인들을 위한 책을 구상하고, 구상한 지 얼마 만인지도 알기 힘들어지고 나서야, 비로소 보다 대중적인 읽을거리로 이 책을 만들게 되었다.

이 책은 완전한 학술적 서적이라기 보기보다는 대중적 인문학 서적이다. 학술지의 논문도 일부 들어있으나, 언론에 나타난 영어 관련 에세이나 기사도 소개하고 있다. 그러나 방대한 영어라는 언어에 관한 이야기 치고는 지극히 부분적인 이야기들로, 영어에 관심있는 사람들이라면 누구나 재미삼아 읽을 수 있는 교양서적으로 집필되었다. 부디 이 책이 학교에서 안(못?) 배우는 영어에 관한 쏠쏠한 재미와 소소한 틈새 지식을 채워 넣은 가성비 높은 책이 되면 좋겠다.

이 자리를 빌어 지난 30여년 동안 언어학, 영어학을 공부하고 가르치면서, 나에게 끊임없는 학문적 자극과 동지가 되어주었던 나의 박사 지도 제자들에게 감사를 표하고 싶다. 강영아 교수, 이연화 교수, (고) 맹정희 박사, 신미경 교수, Dennis Emmerson 교수, 임재용 박사, 조기현 교수, 전주현 교수, 한진희 교수, 한정민 박사, 김웅식 박사, 유영옥 박사, 이재근 박사, 박은민 박사, 중국의 장경화 교수, Shan Ren 교수, 양샤오동 교수, 필리핀의 Decena Pepe 박사, 이소현 박사 등 아직도 각 나라 각 대학에서 열심히 공부하고, 가르치면서 영어전문가로서 서로에게 힘이 되어주는 사람들이다. 이 자리를 빌어 깊은 감사의 마음을 전하면서, 이들의 학문적 발전을 빌고 싶다.

또한, 한국이란 —당시엔 가난했던— 나라 유학생이었던 나와 지금껏 연락하며 '코리아'에 관한 것이라면 마치 내가 무엇이든 알고 있다고 생각하는 나의 친구들 Connecticut 州의 Kevin Kearney와 Sara Rogers, Vermont州 David Keighley에게도 감사하고 싶다. 이들에게 '카OO톡'을 깔게 해서 지금도 가끔 영통—신조어, 영상통화—을 한다.

끝으로 부족함이 많은 이 책이 나오도록 도와주신 대학 당국과 영어영문학과 이유진 박사, 김용남 선생, 박준범 선생께 감사드리며, 무엇보다 이 어려운 시기에 말없이 원고를 기다려준 충남대학교 출판문화원장님, 양광준 과장님, 김현순 선생님, 특히 김보라 선생님께 깊이 감사드린다.

2021.4.15일

대덕 캠퍼스에서 한해를 넘기며

충남대학교 영어영문학과 교수 홍성심

● 주요 개념과 두문자어

고대영어 (Old English)
공식언어 (Official language)
광동어 (Catonese)
구속 형태소 (bound morpheme)
다중언어정책 (multi-lingualism)
다중언어사용자 (multi-lingual, polyglot)
단일언어사용자 (monolingual)
단일언어정책, 단일언어주의 (monolingualism)
링구아 프랑카 (Lingua Franca, ELF)
미국언어학회 (Linguistic Society of America, LSA)
미국영어 (American English, AmE)
불어화자 (Francophonie)
발성기관 (articulartory organs)
보통화 (Mandarine Chinese)
성대 (vocal forlds, vocal cords)
싱글리쉬 (Singapore English, Singlish)
언어정책 (Language Policy)
영국영어 (British English, BritE)
영어화자 (Anglophonie)

이중언어사용자 (bilingual)
이중언어정책, 이중언어주의 (bilingualism)
외국어로서의 영어 (English as a Foreign language, EFL)
자유형태소 (free morpheme)
제주어 (Jejueo)
제2언어습득 (Second Language Acquisition, SLA)
중세영어 (Middle English, ME)
캐나다영어 (Canadian English, CanE)
표준어 (Standard language)
팽글리쉬 (Pan-English, Panglish)
Anglophone, Anglophonie (영어화자)
Francophone, Francophonie (불어화자)
FoxP2 (FoxP2언어유전자 also know as language gene)
Native speaker of English (영어모국어화자, NSE)
non-Native speaker of English (영어비모국어화자, non-NSE)
Spelling (철자, Orthography)
TEFL (Teaching English as a Foreign Language)
TESOL (Teaching English to the Speakers of Other Language)
TOEFL (Test of English as a Foreign Language)

개관(Overview)

언어, 영어, 그리고 링구아 프랑카

개 관(Overview)

언어, 영어, 그리고 링구아 프랑카

인류의 조상이 '말'을 하게 된 것은 약 80,000년전 일로 추정된다.

우리는 어떻게 해서 말을 하게 되었을까? 세상에는 왜 이렇게 7,000여 개나 되는 언어가 있는 것일까? 수만 년의 오랜 시간이 지나면, 오랑우탄도 사람처럼 말을 할 수 있게 진화할 것인가? 필자는 종종 이런 생각을 했던 때가 있었다. 이 문제는 1866년에 "인간의 언어는 어떻게 생겨난 것인가?"라는 연구를 하지 말도록 금지한 파리언어학회 이후 여전히 궁금증만 불러 일으키다가, 오늘날에는 인공지능(Artificial Intelligence) 언어학과 AI 통 · 번역기가 등장하는 시대를 맞이하고 있다.

1995년경, 인간유전자 지도해독과 유전자학을 일군의 영국의 학자들이 The K-family라고 불리던 한 그룹의 친족/가족을 연구하게 되었는데, 이들 가족 30여 명 중 절반이 중증언어장애를 갖고 있다는 점을 알게 된다. 중증 언어장애란, 영어 관계절도 말하지 못하고, 토막문(Choppy Sentences)들 중심으로 영어를 말하는 장애, 어눌한 발음 등....

따라서, 임상 실험학자들은 K-family를 연구하면서, 자연히 foxP2란 언어관련 유전자를 주목하기 시작하였다. 물론 동물들도 이 유전자가 있지만, 인간과는 많이 다르다고 알려져 있다. 물론 foxP2가 과연 '언어유전자'(language gene)인가 여부도 여전히 논란거리이다.

인류가 '말'을 하게 된 것이 많은 학자들이 이야기 하듯이 약 50,000여년 전부터 100,000년전 일이라면, '그 말'은 과연 어떤 언어였을까? 오늘날의 대세어인 영어였을 까? 그것은 아니었을 것이다. 영어(Englisc)는 약 2,000여 년 전, 로마 대장군이자 정치가였던 줄리어스 시이저(Julius Caesar: 100 BCE-44 BCE)가 영국 땅에 첫발을 디뎠을 때만 해도 영어라는 언어는 존재하지 않았기 때문이다.

그러나 그로부터 약 500여 년이 지난 약 5세기 중반, 게르만 족의 여러 부족들이었던 앵글족(Angles), 삭슨족(Saxons), 쥬트족(Jutes) 등이 영국 땅에 들어오면서, '굴러온 돌이 본돌 밑자리 뺀다'는 한국 속담처럼 본래 살고 있던 켈트(Celts)족을 변방으로 몰아내었다. 이 외부 게르만족 침공세력의 언어가 영국땅에 수용-동화되어 나아가면서, 탄생하게 된 언어가 오늘날의 영어(Englisc)이다. 'English'라는 단어 역시 Angles족이 사용하던 단어 'angler'/'angling'과 관련이 있는 단어이다. English는 'Angle족의' 혹은 "Angle족과 관련있는'이란 의미를 가지고 있으며, England는 'Angle족의 땅'이다. 이때, 우리나라는 고구려, 백제, 신라의 삼국시대였다.

그러다가, 노르만 정복(Norman Conquest, 1066)란 역사적 사건이 생기면서, 영어는 공식어로서의 지위를 잃고, 프랑스어의 지배하에 놓이는 약 200여 년(12세기~14세기경)의 흑역사를 경험한다. 이시기를 중세영어(Middle English, ME)시대라고 부르는데, 중세 영어시대에는 오늘날 우리가 보고 듣는 많은 일이 생겨났다. 영어원어민들은 명쾌한 설명을 해 주기 어려워하고, 한국인 등 EFL 화자들은 명쾌한 사용을 어려워하는 영어 정관사와 조동사 등이 이 시기에 극적인 출현과 변화를 보인다. 이 시기의 한반도는 대략적으로 고려말 조선 건국(1392)초기에 해당되는 시기이다.

노르만 정복 이후, 다시 500여 년이 지나면서 William Shakespeare (1564-1616)가 발표했던 많은 작품에서는 초기현대 영어(Early Modern English)의 표면상의 어순이 오늘날과 같은 SVO가 아니었던 자료가 혼재되어 있다. 영어가 중세시대에는, 오히려 한국어와 같은 SOV언어였음을 주장하게 하는 자료가 많이 존재한다. 이와 비슷한 시기에 조선에는 충무공 이순신 (1545-1598) 장군이 살고 있었다. 쉐익스피어보다 19살 많다.

한편, 1607년경 불과 100여 명 남짓한 영국의 이주민이 미국 버지니아주 제임스타운(Jamestown, VA)을 중심으로 초기 식민지가 시작되었고, 미국영어(American English, AmE)의 시기가 시작된다. 처음에는 거대하지 않게 시작한 영국 이주민들은 애팔라치안 산맥을 넘어 Irish, German, Dutch 등의 다양한 유럽인과 그들의 언어문화를 포함하며, 비영어사용자가 포함되기 시작한다. 오늘날 미국영어는 본토(?) 영어인 영국영어와 많이 달라져서, 이를 우려(?)하는 언어 순수주의자들도 있다. 이처럼 영어의 역사는 1,500년을 훌쩍 뛰어넘는다.

Ethnologue(2020)에 따르면, 영어는 오늘날 전 세계에서 제 1언어와 제2언어로 말하는 사람의 숫자가 약 14억 명 정도되는 가장 막강한 힘을 가진 언어이다. 영어는 영국의 언어로 시작했으나, 오늘날 영어의 확산과 역할은 인간의 능력을 넘어서고 있다. 구글기계(음성)번역기(Google Translate)는 영어를 필수로 100여 개가 넘는 자연언어를 처리하는 플랫폼이고, 한국의 전자통신연구원(ETRI)은 AI영어교사 펭톡도 교육현장에 투입하고 싶어 한다.

언어, 즉, 말은 인간을 인간으로 생각할 수 있게 해주는 가장 중요한 속성이다. 인간은 말을 함으로써 서로의 생각과 감정을 알 수 있고, 이로써 소통하고, 지식과 시간의 흐름에 따라 쌓여진 역사와 전통을 전수하고, 정보를 공유한다. 동시에 말은 우리로 하여금 우리의 생각을 숨기게 할 수도 있고, 사람을 해칠 수도 있으며, 말을 통해서 아름다운 시와 드라마가 탄생하고, 말을 잘해서 천냥 빚을 갚기도 하고, 세치 혀끝으로 남을 죽게 하기도 한다.

이 책은 총 3부 18 챕터로 구성되어 있다.

제 1부: '언어로서의 영어'로 총 6개의 챕터가 들어있다. 제 2부: 영

어의 잡학사전 같은 '영어 트리비아(trivia)'로 역시 6편의 챕터가 들어있고, 한류의 영어화를 주제로 한 제 3부: 한류의 영어화가 역시 6편의 챕터를 포함하고 있다. 이 책의 구성상 특이사항으로는 언어-영어 관련 자료를 모으고, 공부하면서, 인용한 자료들 중 일부는 영어원문을 병기하였다는 점을 들 수 있다. 우리 말과 우리 글의 편안함 속에서도 영어원문을 읽고 싶은 독자들의 영어욕구를 조금이라도 해소시켜 드리고자 하는 필자의 행간의도를 읽어주길 은밀하게 바래본다.

또한, 제3부에는 우리나라의 위상과 K-문화가 보다 더 광범위하게 전세계에 확산되기를 바라는 나의 오랜 희망에서 집필되었다. 왜 '인삼'이 영어로 '진셍(ginseng)'인지, '두부'가 영어로 '토푸(tofu)인지, 은행나무의 '은행'이 왜 '깅코'(gingko)인지를 궁금해 했기 때문이었다. 드디어 2018년에 고추장이 몇몇 영어사전에 'gochujang'으로 탑재되었고, 눈치 'nunchi'가 되었으며, 미나리가 Korean parsely가 아니고 'minari'가 되어 전 세계에 오스카상을 받는 기쁨을 목격하게 되었다.

자연히 우리의 일상이, 우리의 역사와 문화가 영어로 표현되어 한류가 영어의 날개를 달고 더 많은 미나리(Minari)가 나오길 기대해 본다.

이 책은 지난 30여 년간 필자가 강의해 온 "언어학개론과 영어학개론"속 관련 흥미로운 이야기도 재구성하여 대중적으로 집필된 책이다. 학자들간의 이견이나 쟁점이 있을 수 있으나, 발상의 전환과 영어학의 외연확장을 위해 특정한 이론적 접근을 가능한 한 배제하고, 인문학적 대중서적으로 집필된 책임을 밝혀둔다.

따라서, 다양한 인포그래픽이나 멀티미디어 자료들을 넣고자 노력하였다. 가능한 한 많은 출처를 밝히고자 노력했으며, 최근의 국내외의 학자와 기자들의 에세이 등도 소개하여, 시의적절성을 높이고자 하였다. 필요한 곳에 글 상자를 넣었고, 글 상자에는 중요한 원문, 출처, 혹은 핵심어 등도 넣어 두었다. 이 책에는 오늘날의 커뮤니케이션에서 빈번하고 중요도가 높아진 특수문자(special characters)와 기호, 부호 등의 영어 이름도 들어 있다.

그리고 영어의 보통명사가 된 시조어(Eponyms), 또, 영미어권 주요 사전사에서 선정한 올해의 단어(Words of the Year), 따끈따끈한 우리말 신조어를 영어로 어떻게 써야할지를 포함하여, 쏠쏠한 영어의 비하인드 스토리들이 들어있어, 링구아프랑카(대세어로 번역하고 싶음)인 영어에 관심있는 사람은 누구라도 흥미롭게 읽어 볼 만 하겠다. 영어교사도, 영어문학도도, 영어에 관심있는 비전공자도, 중고등학교 학생들도 재미쏠쏠한 책일 것이다.

Part I

언어로서의 영어

Chapter 01

언어란 무엇인가?

언어란 기본적으로 '글'이 아니고 '말'이다.

언어란 우리가 하는 말이기는 하지만, 언어가 가지고 있는 기능과 역할, 기여도, 그리고 그 언어의 커뮤니티, 언어가 속한 사회-국가와의 관련성이 너무 커서 함부로 정의할 수 없다. 언어는 우리의 의사표현 수단이기만 한 것은 아니고, 우리 사회와 구성원들이 쌓아 놓은 역사, 시간, 공간, 정서, 문화를 모두 하나로 묶어주는 매개체이기 때문이다. 일단 언어란 무엇인가에 대한 공식적 정의를 언어학자의 말을 빌어, 소개 한다.

우선, 사피어(E. Sapir)의 정의에 의하면, 언어란 임의적으로 만들어진 상징/부호 등을 통해 순전히 인간적이고 비본능적으로 자신의 생각, 감정, 그리고 필요나 욕구 등을 소통하는 것이다"

"Language is a purely human and non-instinctive method of

communicating ideas, emotions and desires by means of voluntary produced symbols."(Sapir, 1921)

블로크와 트라거(Bloch and Trager)에 의하면, 언어란 성대를 통해 내는 임의적 상징의 체계로, 해당언어를 사용하는 구성원들이 협조적으로 사용하는 임의적 상징의 체계이다.

"A language is a system of arbitrary vocal symbols by means of which a social group cooperates."(Bloch and Trager, 1942)

한편 현대 변형생성문법의 창시자이자 위대한 언어학자인 촘스키(N. Chomsky)교수는 "이제부터 나는 언어를 문장들의 집합으로 볼 것이며 문장은 각각의 한정된 길이를 가지고 있고, 한정적인 요소들의 집합으로 구성된 것이다." 라고 정의하였다.

"From now on I will consider a language to be a set of sentences, each finite in length and constructed out of a finite set of elements."(Noam Chomsky, 1957)

골드스타인(Goldstein)은 우리는 소리나 상징을 사용해서 우리의 느낌, 생각, 의견, 그리고 경험을 표현할 수 있는 의사소통의 체계라고 언어를 정의할 수 있다.

"We can define language as a system of communication using sounds or symbols that enable us to express our feelings, thoughts, ideas and experiences."(E.Bruce Goldstein,2008)

온라인 상 많은 글을 올리는 노드퀴스트(Nordquist) 교수는 '언어'는 간결하게 정의하자면, 목소리, 제스쳐 혹은 문자 같은 임의적인 상징이나 신호를 사용하는 인간의 의사소통체계라고 말할 수 있다. 그러나, 솔직히 언어는 그 같은 간단한 정의보다는 훨씬 복잡하고, 흥미롭고, 심지어 신비하기까지 하다.

"Language is succinctly defined in our glossary as a human system of communication that uses arbitrary signals such as voice sounds, gestures, or written symbols. But frankly language is far too complicated, intriguing, and mysterious to be adequately explained by a brief definition."(Richard Nordquist, 2016)

결론적으로 언어는 임의적 기호체계를 가지고 인간의 생각, 감정, 정보등을 소통하는데 사용되는 간결한 기제지만, 인간은 언어/말을 통해 훨씬 더 많은 기능을 수행하는데, 문학작품, 연설, 역사의 흐름, 문화의 수용과 전달도 모두 언어가 없으면 가능하지 않다는 면에서 언어의 중요성과 복잡성을 알 수 있다.

언어는 기본적으로는 '말'이고, 우리는 발성기관(articulatory organs)을 사용하여 일련의 특수한 음소(phonemes)의 결합으로 기호체계를 갖춘 것이다. 약 80,000년 전부터 인류가 '말'을 하기 시작했다고 추정된다. 그에 비하면, 우리가 사용하는 '글'은 거의 3,000-5,000여 년전 부터 사용되었다는 기록이 있고, 이는 진화론적 관점에서 보면 "아주 최근"의 일이다.(J. Whorter)

Chapter 02

세상에는 얼마나 많은 언어가 있나?

대략적으로 약 7,000여개의 다양한 언어가 있다.

세상에는 얼마나 많은 언어가 있을까? 우리나라가 단일언어국가(monolingual country)기 때문에, 국가마다 하나의 언어가 존재한다고 생각하면 오산이다. 현재 UN에서 인정하는 나라는 약 193개국이다. 그런데 일반적으로 인간 언어의 개수는 약 7,000개로 잡고 있다. 그런데 미국, 영국, 호주, 뉴질랜드처럼 여러 나라가 하나의 언어, 영어를 사용하기도 하고, 불어와 영어가 공용어인 이중 언어국가(Bilingual)인 캐나다, 혹은 스위스처럼 4개 언어가 공용어인 나라도 있고, 심지어 11개의 언어가 공용어인 남아프리카공화국(South Africa)도 있다. 남아공의 11번째 공식언어는 영어이다.

세계에는 몇 개나 되는 언어가 있을까? Anderson(2010)의 Linguistic Society of America(LSA) 수록 논문 "How many languages are there in the world?"에 의하면, 약 7,000 여 개의 언어가 있다고 한다. 이렇게

언어의 개수가 많은 이유가, 혹시, 이런 자료에는 한국어가 4개의 언어로 수록되어 있어서 그런 것은 아닌가? 남한어, 북한어, 재중동포(조선족)의 한국어, 재일동포의 한국어 등으로 한국어에도 4종의 한국어 방언을 각기 다른 언어로 적시하고 있다. 치열하게 생각해 볼 문제이다. UNESCO는 약 2010년에 한반도에는 '한국어' 이외에 '제주어(Jejue)'가 있고 제주어는 '소멸위기의 언어'라고 지정하였다.

그런가 하면, 호주의 북부지역 타나미 사막(Tanami Desert)지역에 살고 있는 부족으로 왈피리(the Warlpiri) 부족이 모국어로 사용하는 왈피리어는 현재 약 4,000여 명만이 이 언어를 사용하고 있고, 현재는 소멸위기의 언어이다. 그런가 하면 호주의 영어화자들과의 상호교류에 의해서, 영어, 왈피리어, 크리올(Kriol)어가 결합한 Light Warlpiri어를 새로운 언어로 소개하고 있는데, 이 새로운 Light Warlpiri어의 최고령 화자는 불과 35세 정도라니, 신생언어임이 틀림없다.(Wikipedia에서 인용)

과연 새로운 언어 즉, 신생어로 분류하려면 무슨 기준을 충족해야 하는가? LSA에 의하면, 상호이해도(mutual intelligibility)가 기준이 될 것이다. 그러나, 언어는 정치사회문화의 산물이기도 하므로, 예컨대 광동어(Catonese)와 보통화(Mandarin Chinese)는 구어적으로는 서로 소통이 안 되지만, 여전히 "하나의 중국어"(One Chinese)란 정책적 관점에서 하나의 언어로 간주되고 있다.

흥미로운 사실은, 언어의 개수를 세는 일은 생각만큼 그다지 간단하지 않다는데 있다. 나라별로 국기를 세는 일과 같지도 않다. 전 세계에는 대략 193개국이 있는데, 언어는 7,000여 개가 있다고 하지 않는가?

예를 들면, A라는 언어와 B라는 언어가 있을 때, 서로 의사소통이 가능하지 않다면, A와 B는 서로 다른 언어가 된다. 서로 의사소통이 된다 안된다를 결정하는 사람은 해당 언어의 화자들이다. 이 화자들이 여러 가지 정치사회적 이유로, 심리적 이유로 '솔직'하지 못한 결정을 한다면, 언어의 개수는 달라질 수 있다. 그런데 Anderson의 논문에서는 다음과 같은 사례를 예로 들어 이 세상의 언어의 개수를 특정하기 쉽지 않음을 이야기한 바 있다.

동유럽의 불가리아 사람들은 이웃한 마케도니아의 언어인 마케도니아어를 불가리아어의 한 방언이라고 간주한다. 하지만, 마케도니아 사람들은 이 두 언어가 별개의 독립한 언어라고 주장한다. 마케도니아 대통령인 글리고로프가 1995년에 불가리아 대통령 젤레프를 국빈 방문했을 때의 일이다. 불가리아 대통령 젤레프는 마케도니아 대통령의 말을 다 알아 들을 수 있다고 주장했고, 마케도니아 대통령 글리고로프는 '통역이 필요하다'고 주장하면서 통역을 대동하고 불가리아 대통령을 국빈 방문하였던 것이다.

"In some instances, speakers of A can understand B, but not vice versa, or at least speakers of B will insist that they cannot.

Bulgarians, for instance, consider Macedonian a dialect of Bulgarian, but Macedonians insist that it is a distinct language. When Macedonia's president Gligorov visited Bulgaria's president Zhelev in 1995, he brought an interpreter, although Zhelev claimed he could understand everything Gligorov said."

언어의 개수를 특정할 때, 중요한 기준이 되는 것은 상호이해도가 될 것이다. A와 B라는 언어를 사용하는 사용자들이 서로의 의사를 해당 언어로 이해하지 못하거나, 혹은 이해하지 못한다고 주장한다면, 이 두 언어는 서로 다른 언어라고 판단하는 것이다. 이 기준은 따라서, 정치사회적 시사점과 밀접하게 연관을 맺고 있는데, 위에서 예로 든 마케도니아와 불가리아의 관계를 보면 알 수 있다.

따라서, 사회 속의 언어는 확실히 단순한 기능성만 존재한다고 말할 수 없다. 의사소통의 기능도 있고, 언어 자체의 아름다움과 규칙성과 유형이 있고, 그리고 역사, 사회, 국가 간의 소통의 도구인 언어는 인간과 커뮤니티, 국가적 정체성을 특징 지우는 가장 중요한 요소임이 틀림없다. 어떤 특정한 언어를 말하는 것이 아니다.

로마를 중심으로 1,000여년 전에 유럽에서 번성하던 라틴어는 6세기부터 9세기 즈음에 이태리어, 불어, 스페인어, 포르투갈어, 로마니아어 등의 로만스 언어로 분화되면서, 라틴어를 모국어로 사용하는 화자가 더 이상 없어 소멸된 언어로 취급받는다. 물론 아직도 Harvard 대학등지에서 라틴어를 공부하는 교과목은 존재하지만, 그 언어를 모국어로 사용하는 화자들이 있어야 하고, 일상생활에서 그 언어를 사용하지 않으면 소멸 혹은 절멸언어로 간주된다. 따라서, 산스크리트어가 소멸언어인 것처럼, 라틴어도 소멸언어이다.

그런가 하면, 영국에서 소멸되어가던 웰쉬어(Welsh)를 살려내고, 뉴질랜드에서 마오리(Maori)어를 살려내기도 했으며, 널리 알려진 바와 같이 서기 2세기까지 사용되었으나 소멸되었다고 간주되었던 구어로서의 히브리어(Hebrew)는 19세기 말-20세기 초에 다시 일상생활 속에서 생생한 생활언어로 살아났다. 유대민족의 강한 의지와 더불어, 대단한 교육의 힘이라고 보인다.

제주어(Jejueo) **이야기**

언어 간의 상호이해도 정도가 개별언어로 인정받는 기준이 된다. '제주어(Jejueo or Jeju language)**'도 '한국어**(Korean)**'와 상호이해도가 높지않다고 인정되어 별개의 언어**(그러나 소멸위기의)**로 인정받는다.**(UNESCO, 2010)

'감수광' 이란 대중가요 가사의 일부인 이 말의 뜻은 "가고 있습니까?" "떠나고 있나요?" 이며, "혼저 옵서예"도 "서둘러 오십시요. 환영합니다"의 의미로, 표준한국어와 차이가 많다. 아래 아(·)**가 아직 존재하고 있으며, 일본 오사카 지역에 일부 제주어 화자가 남아 있다. 제주어의 모국어 화자는 약 5,000명 정도로 소멸위기의 언어이다.**(Yang, Changyong, Yang, Sejung, O'Grady, William(2019)

Chapter 03

언어의 기원은 바벨탑?

종교적 주장이긴 하지만, 역사 문화적 시사점은 있다.

"언어, 혹은 말"의 기원에 대한 논의는 성경에도 나와 있지만, 이는 순전히 종교적 내지 신비주의 관점에서 라고 말하는 과학자들이 대부분이다. 따라서, 아직까지 과학적 근거나 경험적 증빙이 없으므로, 심지어, 1866년경 프랑스 파리에서 개최되었던 언어학회(Linguistic Society of Paris)에서는 "언어의 기원"이란 문제는 "과학계의 가장 어려운 문제("...the hardest problem in science.....")이므로, 과학적 근거나 증빙이 부재하므로, 이에 관해서 논의하지 말라"고 권고하였다.

"Due to the lack of empirical evidence, the topic, 'the origin of language' is unsuitable for scientific study."

순수 기독교적 관점에서 보자면, "말이란 인간에게 내린 신의 선물(God's gift to mankind)"이라는 주장을 했던 학자들도 있었기 때문이고, 바디랭귀지(혹은 제스쳐)로부터 말이 발전되어 나왔다고 생각하는 사람들도 있기 때문이다.

언어가 바디랭귀지(제스쳐)로부터 발전되어 나온 소통의 형태라고 할 때, 이는 과학적으로 일부 증명되기도 했는데 그것은 우리의 몸이 제스쳐를 할 때, 활성화되는 뇌의 부분이 언어를 말할 때의 활성화 되는 부분과 동일하다는 것을 fMRI(functional MRI)에서 확인 할 수 있기 때문이다.

어떻게 해서 인류의 언어들은 이렇게 많아진 것일까? 이 질문은 인류의 언어가 원래는 한 개의 공통적인 언어에서 출발했다가 오늘날 7,000여 개나 되는 언어가 된 것이라는 점을 전제로 이야기 할 수도 있고, 동시다발적으로 여러 군데에서 독립적으로 오늘날의 다양한 언어가 출현했을 수도 있다.

과학적으로 정확한 답을 찾지는 못했으나, 몇 가지 재미있는 이야기는 할 수 있다.

일단 성경에 나타난 인류 언어의 기원은 이미 앞서 말한 것처럼 약 10만년 전으로 올라가며, 모든 인류가 하나의 언어를 말하고 있었다고 한다. 그러다가 약 4,200년 전(The Babel Tower) 이야기에 의하면(창세기 10;25; 11:18-26), 이때부터 사람들은 각기 다른 언어를 말하기 시작했으며, 세계로 퍼져 나아가게 되었다고 써있다. 물론 문자의 확인은 약 3,000년 전까지 증빙할 수 있다. 나중에 바빌로니아(Babylonia)라고 불리게 된 "쉬나의 땅"The land of Shinar이 바벨탑 이야기의 배경이다.

"The Babel states that the confusion of language and dispersion of the people took place in the land of Shinar, later called Babylonia"

여호와께서 인간들의 언어를 혼란되게 만드시고, 전 세계의 언어를 퍼지게 하셨다.[1]

Jehovah scattered them from there over all the surface of the earth, and they gradually left off building the city. That is why its name was called Babel, because there Jehovah had confused the language of all the earth . Genesis 11:8, 9.

그러고 보니, 성경에는 "....태초에 말씀이 있었으니 ..."

"태초에 '말씀'이 있었고, 그 말씀은 하나님과 함께 였고, 그 말씀은 곧 하나님이었다"라고 번역되는 창세기의 첫 귀절은 흥미롭다. 결국 말씀(Word)으로부터 이 세상이 시작되었다고 본 관점이 흥미롭다. 온 우주의 탄생이 신의 말씀으로부터 시작되었다는 "주장"은 말의 중함을 의미하는 것이라고 보인다.

1 'J' 라는 글자가 들어 있는 단어들을 한국에서는 음소 /j/ (=yod) 로 발음한다. 예를 들어보자. Hollywood의 유명 영화배우 Scarlett Johansson(스칼렛 죠한슨)을 우리는 '스칼렛 요한슨' 이라고 발음한다. 이스라엘의 Jerusalem(져루살렘)은 '예루살렘' 이라고 발음하며, 남아공의 최대도시 Johanessburg '죠하네스버그'를 우리는 '요하네스버그'라고 읽는다. 또 Jesus Christ(지져스)는 '예수'가 되고, Jehova(져호바)는 '여호와'라고 발음한다. 이에 대한 이유는 이 책 11장 113쪽 참조할 것.

"In the beginning was the Word, and the Word was with God, and the Word was God."

영국 새 브리태니카 백과사전(The New Encyclopedia Britannica)에 의하면, 문자/글의 기록은 약 4,000년-5,000년으로 거슬러 올라갈 수 있고, 이 언어적 기록linguistic fossils, 문자/글자의 기록은 고대 Shinar 지역인 메소포타미아 저지대에서 발견되었다.

이로써 적어도 성경에 출현하는 바벨탑 이야기와 지역적 맥락이 동일함을 확인할 수 있고, 그 지역에서 출토된 Clay Tablet에서 큐니폼(Cuneiform) 문자를 확인할 수 있다. 물론 이것이 언어의 기원을 다 증명하는 것은 아니나, 동일지역에서 문자의 증거를 찾을 수 있다는 것도 유의미하다고 하겠다.

<그림 1 : 세계의 문자지도>

따라서, 언어는 적어도 말이 먼저 시작되었고, 그보다 훨씬 후에 글(문자)이 시작되었음을 알 수 있다. 기록이 남아 있을 수 없는 말의 개수는 글자(혹은 문자)가 존재하는 언어와는 다른 개념이다. 7,000여 언어 중에서 문자가 있는 언어는 30%-40% 정도로 알려져 있다.

<그림 2 : 바빌로니아 지역에서 발견된 진흙비석, 고대 문자인 큐니폼이 써있다>

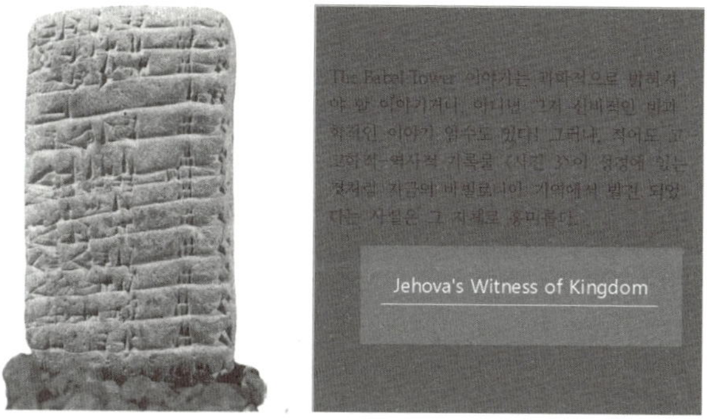

<그림 3 : 2019년 대영박물관 로제타 스톤>

위 사진은 대영박물관의 로제타스톤Rosetta Stone이다. 로제타스톤은 고대 이집트에서 제작된 것으로 알려져 있으며, 3개의 문자로 3개의 언어로 번역되어 쓰여져 있다.

● 로제타 스톤(Rosetta Stone)

로제타 스톤은 기원전 196년에 고대 이집트에서 제작되어 이집트의 멤피스에 세워진 화강암의 일종인 돌로 만든 비석이다. 고대 이집트어로 된 법령이 위에서부터 신성문자, 민중문자, 고대 그리스어의 세가지 문자로 번역되어 쓰여 있는 화강암이다. 이 비석에 쓰여진 3 언어 중 고대 그리스어를 기반으로 장프랑수아 샹폴리옹(Jean-Fran ois Champollion, 1790-1832)과 토머스 영(Thomas Young, 1773-1829)이 이집트 상형문자를 해독하였다.

이 비석은 1799년 7월, 이집트-시리아 원정 당시 프랑스군의 한 장교에 의해 발견되었다. 로제타 비석은 고대 이집트어를 다른 언어와 병기한 기록 중 최초로 발견된 사료로, 미번역 문자이던 이집트 상형문자를 해독할 수 있을 지도 모른다는 점에서 큰 관심을 받았으며, 그 탁본은 곧 유럽의 박물관과 학자들 사이에서 유통되기 시작했다. 1801년 런던으로 운반되어, 1802년 이후 대영박물관(British Museum)에 상설 전시되고 있다. 로제타 비석의 위상은 언어학적으로나 역사적으로 매우 중요하다는 것을 알 수 있다.

Chapter 04

인류최초의 언어는 요다어?

흥미로운 추정으로, 술어전치같은 화제화 구문이 특징적이라고 주장하는 학자들이 있다.

인류는 언제부터 “말”을 하기 시작한 것일까? 한 개인의 일생을 살펴보아도 태어나자 마자 처음부터 말을 한 것은 아니다. 인류의 역사를 살펴보면, 언제부터 말을 하기 시작한 것일까에 대한 의문점을 가질 수밖에 없다.

말은 소리의 흐름이고, 특히 언어학적으로 유의미한 소리의 흐름이므로, 눈에 보이지 않는다. 이를 기록하기 시작한 문자는 말보다 훨씬 후에 일어난 일이다. John Whorter교수의 설명에 의하면, 인류의 말이 출현한 시기를 24시로 비유하면, 문자의 출현은 밤 11시가 넘어서라고 하니, 매우 늦은 시간이다. 말의 출현이 약 8만년 전이라고 하면 문자의 출현은 약 3,000년 전이다.

물론 여기서 “말”이라 함은 language를 의미하는 것인데, 문화인류

학자, 고고학자, 그리고 진화생물학자등 다양한 그룹의 학자들이 모여서 추정하기로는 약 80,000년 전부터(혹은 100,000년 전 - 50,000년 전) 인류는 "말"이라는 것을 하기 시작했다고 생각한다. 그 증거로는 인류와 비슷한 유인원을 비교해 보면, 두개골의 모양이 달라지면서, L-형태로(L-shape) 성대의 길이가 길어진 상황을 증거를 잡은 것 같다. 성대의 길이가 길어지면서, 보다 더 섬세하고 정교한 발성과 다양한 자음, 모음 음소들을 발성할 수 있게 되었기 때문이다.

동물들의 발성을 인간의 언어발성과 비교해 보면 동물의 발성은 매우 단순한 편이고 인간의 언어에 비해 음소가 많지 않은 편이다.

언어의 기원은 인류의 출현과 진화와 그 맥락을 같이 해왔으며 수백년 동안 많은 사람들의 관심을 받아왔다. 그러나, 언어의 기원과 출현에 관한 연구는 직접증거가 부재함으로 해서 증명 혹은 증거를 제시하기가 매우 어려운 연구과제였다. 따라서, 1866년 프랑스 파리언어학회(Linguistic Society of Paris)는 언어의 기원에 관한 어떤 논의도 더 이상 하지 말도록 금지하였으며 이런 조처는 20세기 후반이 되도록 계속되었다. 오늘날 여전히 언제, 왜, 어떻게, 그리고 어디서 인류의 언어가 출현하였는가에 관한 많은 가설들이 있다.

그렇지만 100년 전이나 지금이나 많은 사람들이 동의하는 가설은 별로 없다. 따라서, 언어의 기원을 연구하고자 하는 언어학자, 고고학자, 심리학자, 인류학자 등 다양한 전공의 학자들은 다른 종류의 증거, 예를 들면 화석이나, 고고학적 증거, 현대 여러 언어들의 다양성, 그리고 언어습득 연구, 그리고 언어 간의 비교와 동물의 커뮤니케이션 체계 등을 비교하여 그로부터 인간 언어의 기원에 관한 추론을 끌어낸다.

한편, Wolchover(2011)의 글에 의하면, 인류 최초의 언어는 아마도 스타워즈시리즈에 출현했던 요다Yoda같은 언어를 했을 것이라고 한다. 이미 앞장에서 언급했던 것처럼 인류의 말/언어는 동아프리카지역에서 동일한 하나의 언어로 약 50,000년전에 시작되었을 것이라고 추정된다. 여러 언어들의 문법이나 어휘를 비교하고, 검토함으로써 여기저기 흩어져 있는 증거들을 모아, 인류의 최초언어인 proto-human language가 요다와 비슷한 말을 했을 것으로 추정하게 된 것이다.

Yoda(/ jo da/) is a fictional character in the Star Wars universe, first appearing in the 1980 film The Empire Strikes Back. He is a small, green humanoid alien who is powerful with the Force and served as Grandmaster of the Jedi Order. In The Empire Stikes Back, Yoda was voiced and puppeteered by Frank Oz, who reprised the role in Return of the Jedi. Outside of the films, the character has been mainly voiced by Tom Kayne, starting with the 2003 Clone Wars animated television series. Yoda has since become an iconic figure in popular culture due to his distinct pattern of speech and the role as a wise mentor.

그러나, 요다어는 영화 Star Wars(George Lucas감독)에 출현한 가상의 생명체이며, 외계인이고, 이들의 언어도 작가의 상상력이 만들어낸 것이다. 따라서, 인류 최초의 언어는 어떤 어순을 가졌는지, 어떤 발음이나 어휘를 가졌는지 아무도 모른다.

다만 추정하건대, 요다는 영화속에서 목적어 혹은 동사 뒤의 요소가 문장 선두에 출현하는 OSV의 어순을 가지고 있다. 따라서, Mangos Sam ate, but avocados Chloe ate.("망고는 샘이 먹었지만, 아보카도는 클로이가 먹었어.") 같은 어순, 혹은 "Depressed I am, but annoyed you are" 같은 술어전치(Predicate Fronting)같은 어순의 대사를 많이 선보인다.

요다의 대사는 화제화(topicalization)로 설명할 수 있고 주어의 앞에 명사구나 형용사구, 동사구 등의 특정 요소가 문장의 제일 앞에 출현하는 특징을 보이는 것이다.

문체를 분석하는 문체론(Stylistics)의 관점에서 보자면, 영화에 출현한 요다어는 오늘날 영어와 구별을 시도하고자 하는 의도에서 출발한 것이지만, 언어학자들은 인류의 최초언어들이 이러한 어순을 가지고 있었을 가능성이 높다고 보는 것이다.

"Confident, I am." 이나 "Successful, he has been." 같은 문형은 독특하고 영어 글쓰기에 한번 작성해 볼만한 재미있는 문장이 아닐까? 문법적으로는 확실히 정문이라고 말할 수 있기 때문이다.

범언어적으로 어순을 살펴보면, 영어처럼 SVO(I like you)같은 어순이 있는가 하면, 한국어나 일본어, 라틴어처럼 SOV(I you like)의 어순을 가진 언어도 많다. 드물지만, OSV, OVS, VOS, VSO등의 어순도 발견된다.

미국 과학학술원(National Academy of Science)에 의하면, 인류언어의 기원에 관한 연구를 수행중인 산타페(Santa Fe) 연구소 공동소장인 Merritt Ruhlen and Murray Gell-Mann는 인류 최초의 언어는 한국어, 일본어와 마찬가지로 그 어순이 SOV(I you like)였다고 한다.

"이 언어는, 오늘날의 현대어와 같은 보다 완전한 인간 언어를 발명한 뒤 전 세계 다른 지역으로 퍼져나갔던 아프리카의 동부지역 소그룹 사람들이 말했을 것으로 추정되는 언어이다".

인류의 언어를 연구하는 이 학자들은 결국 어족(language family tree)를 나타내는 족보를 만들고, 이 족보는 세계 모든 언어들의 역사적 관계를 보여주는 것이었다. 예를 들면, 모든 로만스 언어(이태리어, 루마니아어, 불어, 스페인어)는 라틴어로부터 출반해 나왔으며, 라틴어는 우리가 다 알다시피 약 2,000년전에 로마에서 사용되던 언어였던 것이다.

라틴어족은 로만스 어족보다 보다 큰 어족의 지류이며, 이 "더 큰" 상위 지류는 Germanic, Slavic, Greek, Indic, 등을 포함하고 있으며, 모두 합해서, 이런 언어들이 인도유러피언 (인구어)을 형성한다. 아래의 어족가계도를 참고하자.

<표 1 : 영어 중심 인구어 어족 가계도>

♣ The Indo-European Language Family ♣

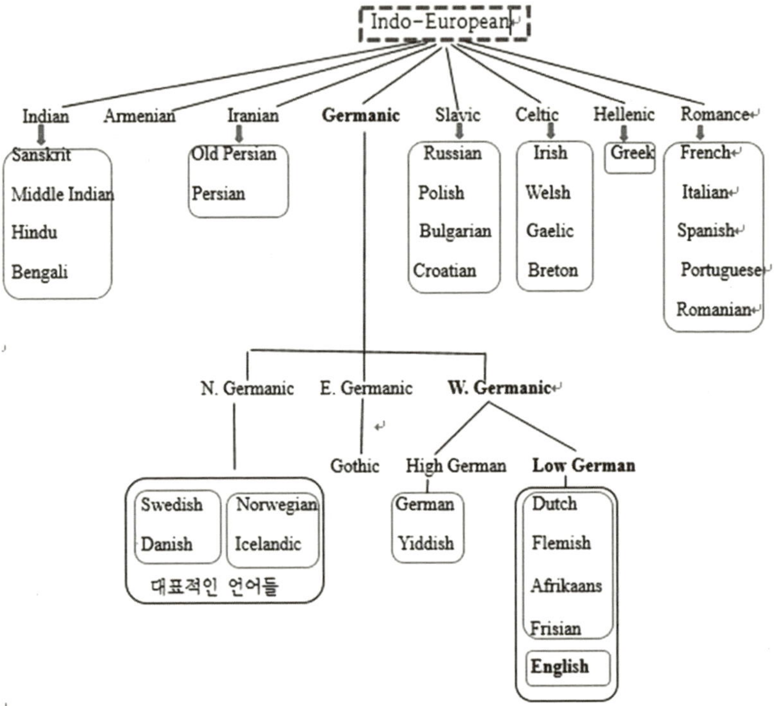

"The researchers came to their conclusion after creating a language family tree, which shows the historical relationships between all the languages of the world. For example, all the Romance languages (Italian, Rumanian, French, Spanish) derive from Latin, which was spoken in Rome 2,000 years ago; that Latin family is itself a branch of an even larger tree, whose other branches include Germanic, Slavic, Greek, Indic and others. Together, all those languages make up the Indo-European language family, which fits like a puzzle piece with all the other language families in the world."

흥미로운 사실은 이러한 어족을 나타내는 지도에서, 가능한 6가지의 어순(Word Order)과 해당 어족과의 관계는 비교적 작위적이라고 말할 수 있다는 점이다. 이 어족관계를 보여주는 도표에 속하는 현존하는 2,000여 개의 언어들 중 한국어와 일본어처럼 SOV어순을 가진 언어가 절반 이상을 차지하고 있으며, 압도적이다. 즉, 어순과 개별 언어들은 서로 상관관계가 있으며, 6개의 언어에서 어떤 요소가 앞에 오느냐에 따라 어떤 언어로 발전해 나아갔는가 결정된다는 점이다.

따라서, 예를 들면, SOV 어순인 라틴어에서 불어인 SVO가 발전해 나왔으며, 오늘날 영어처럼 SVO언어도 SOV로부터 변화 발전해 온 것이다. 이들의 연구에 의하면 중세영어(middle English)도 SOV였으며, SOV로부터 오늘날의 SVO가 된 것은 가능한 일이나 SVO어순을 가진 언어가 SOV가 되지는 않았을 것이라는 설득력 있는 추정을 하는 것이다.

더욱이, VSO나 VOS어순을 가진 언어들은 SVO로부터 진화 발전한 것이므로, 결국 모든 언어는 SOV로부터 내려온 것이라고 말할 수 있을 것이라고 룰렌 교수(Ruhlen)는 지적하였다. 다음은 그의 원문의 일부이다.

"Furthermore, languages that are VSO and VOS always derive from SVO languages. Thus, all languages descend from an original SOV word order, which leads to the conclusion that the word order in the language from which all modern languages derive must have been SOV," Ruhlen wrote.

그렇다면, 모든 언어들의 원조는 SOV어순을 가지고 있다는 것이 순전히 우연의 일치일까? 이에 대해, 오레곤 대학의 Tom Givon은 그렇지 않다고 주장하며, 그 근거로 아이들이 언어(영어)를 습득함에 있어, 가장 먼저 자연스럽게 발화하는 어순은 SOV라는 점을 들었다.

"Was it just an accident that the mother of all mother tongues was probably SOV, rather than one of the other five possibilities? The researchers think not. Predating Ruhlen's and Gell-Mann's work, Tom Givon, a linguist at the University of Oregon, argued that SOV had to have been the first word order, based on how children learn language. He found that the SOV word ordering seems to come most naturally to humans."

만일 이러한 것이 사실이라면, 언어는 진화해 나옴에 따라 어순을 바꾼 것이 된다. 실제로 왜 어순이 바뀌게 되었는지는 알 수 없으나, 언어는 매우 정교한 방식으로 바뀌어 나오는 것을 알 수 있다고 Ruhlen은 지적하고 있다. "사실 세상의 언어의 절반이 여전히 SOV어순을 가지고 있으며, 이 어순을 가진 언어들은 여전히 어순을 바뀌지 않고 있으며, 향후 바뀔 것인지 여부는 알 수 없다"고 그는 지적한다.

아무튼 인류최초의 언어는 히브리어(Hebrew)와 가깝다고 주장하는 종교학자들도 있지만, Yoda어와 비슷한 어순을 가진 언어였을 것이라고 추정하는 학자들도 있다. 그러나 이러한 주장들은 모두 추정에 가깝고, 인류최초의 언어가 확실히 어떤 언어였는지는 알 수 없다.

Chapter 05

언어도 생로병사가 있나?

언어의 발음, 어휘, 의미, 구조와 맥락 등 모든 면에서 생로병사를 거친다!

1992년 미국의 한 저명 언어학자는 향후 80년이 지나, 2100년이 되면 약 90%의 언어가 사멸될 것이라고 예언을 했다. 놀랄만한 반응은 커녕, 프랑스의 언어학자인 Claude Hagege에 의하면, "사람들은 대체로 어떤 언어가 사멸이 되던 말던 상관치 않는다"고 말했으며, "만일 우리가 오늘날의 영어가 진행되어 나가는 방식을 내버려 둔다면, 대부분의 다른 언어들을 (영어가) 다 싹쓸이 할 것이다"라고 주장했다.

미국의 기독교 선교봉사단체인 SIL International그룹이 소유하고 있는 Ethnologue라는 단체는 전 세계의 언어들을 데이터 베이스화 하면서, 473개의 언어는 현재 소멸위기의 언어로 분류되어 있다고 발표했다.

대표적으로 미국에 살고 있었던 리판아파치Lipan Apache어의 화자들,

콜롬비아에 살고 있던 4명의 토토로Totoro화자들, 또 800여명의 화자를 가진 Goro라는 인도 북부지역의 언어들은 모두 소멸위기의 언어이며, 만주어Machu(language)도 소멸위기의 언어이다.

한때 청나라 Qing Dynasty의 (공식)언어였던 만주어는 물론 당시에도 자신의 종족인 만주족에 의해서 서서히 잊혀지고 있었으며, 소외되기는 했으나, 1911년까지 중국대륙을 지배했던 왕조였고, 한국 근대사에도 중요한 영향을 미친 나라의 공식언어였던 만주어도 지금은 제1언어로 사용하는 화자는 거의 남아있지 않으며 제2외국어로 만주어를 공부하고 있는 수 천명만이 있을 뿐인데, 만주지방의 만주어가 소멸된 이유 중 하나는 중국화(한족화, sinicized, Han-Chinese culture) 했기 때문이라고 위키피디아는 밝히고 있다.

세계에 몇 개의 언어가 있을까? 와 같은 질문을 던지는 단체인 Ethnologue에 의하면 전 세계에 7,000여개의 언어 중 불과 6%의 언어(약 42개)가 전 세계 화자 중 94%의 화자에 의해서 사용된다. 또한 생존해 있는 모국어 화자의 수가 10명 미만인 언어도 133개나 된다.

생물학적으로 멸종위기의 종을 보존하려고 노력하는 것처럼, 언어의 소멸을 저지 혹은 방지하려는 노력도 있다. 이를 위해 UNESCO는 소멸위기의 언어(endangered languages)를 지정하고, 특별한 경우에는 이 언어를 사용하는 소수의 화자들을 면접하고 상담해서 그 기록을 보존하려고 재정적 지원을 하기도 한다. 그 이유는 한 언어가 가지는 문화유산으로서의 가치, 해당 지역사회의 사회경제적 영속성, 민족-국가적 정체성과 역사성 등과 같은 보존의 의미가 크기 때문일 것이다.

한편, 시카고 대학(University of Chicago)의 S. Mufwene교수는 "이제 아주 적은 숫자의 화자를 가진 커뮤니티는 더 이상 보존을 위한 노력을 할 수 없는 지경까지 왔다"고 말하면서 "문화가 진행되고 글로벌화가 진전되면 커뮤니티의 구성원은 종종 언어사용도 바꾼다."고 언급하면서 "(해당) 언어의 사용자들이 원하지 않는데도 계속해서 그 언어에 집착하는 것은 언어학자들만을 위한 일"이라고 주장했다.

Ethnologue의 편집국장인 Paul Lewis는 "... 그러나, 언어와 사용구성원간의 정체성의 문제는 생각보다 끈끈하고, (그 언어가 소멸됨과 동시에) 잃게 되는 것이 너무 많으므로 만일 어떤 언어의 구성원들이 자신들의 언어가 더 이상 쓸모없어 소멸되도록 방치하겠다는 생각을 하면, 구성원 자신들도 더 이상 쓸모없는 사람들이라고 생각한다"는 점을 지적하였다.

그렇다면, 점차로, 그 커뮤니티도 붕괴되거나 파괴되고, 자살, 마약 등과 같이 자신을 파괴하는 일에 빠지게 된다는 점을 말하였다. 부모세대가 자식 세대에게 더 이상 언어도 전수하지 않고, 부모와 자식, 조부모와 손자 간의 관계도 대화의 소통도 부재하게 되고, 파괴되면서 보존해야 할 전통적-문화적 가치도 사라지게 된다.

그러나 한 가지 확실한 것은 '언어의 소멸/사멸이 전적으로 영어 때문'이라고 말할 수는 없을 것이다. Claude Hagege 교수는 "구성원들이 점차 자발적으로 자신들의 언어를 포기하고 있고, 자신들의 언어가 더 이상 미래가 보장되지 않는다, 즉 자신들의 자손이 전문성을 가지고 생존해 나아가는데 자신들의 언어가 도움이 되지 않는다"고 믿는 사람들이 늘어나고 있다는 말이다. 해당언어를 말하는 사람들이 자발적 선택에 의해 자신들의 언어를 포기하는 일이 생기면 언어학자들이 할 수 있는 일은 거의 없다고 Hagege 교수는 말한다.

그러나 적은 수의 언어들이 살아남기를 원하는 사람들에게 한 언어가 소멸된다고 해서 모든 것이 다 없어지는 것은 아닐지도 모르겠다. 왜냐하면, 거의 소멸되었던 영국의 웰쉬어(Welsh)어는 살아났고, New Zealand의 마오리(Maori)어도 살아 있는 것으로 보아, 소멸직전까지 갔다가 다시 살아나는 경우도 있는데, 19세기 초까지 거의 소멸위기에 있던 히브리어(Hebrew)가 이제는 어엿하게 살아 일상속에 사용되는 언어임을 살펴보면 더욱 그러하다. 사실 학술적 문서자료에서만 존재했던 히브리어는 일상적인 "사랑해(I love you)" "소금 좀 주세요(Pass the salt)"라는 말조차 할 수 없었던 언어였다. 문서상 남아있던 이 언어는 그 뒤 히브리어로 존재하게 되었는데, 그것은 이스라엘 사람들의 강인한 민족적 의지의 덕분이다.

우리나라도 일제 36년간 만일 한국어를 지키고자 하는 국어학자들과 한국 근대의 소설가, 시인, 언론인, 그리고 무엇보다 집에서도 학교에서도 한국어를 계속 사용한 서민 대중이 없었다면, 한국어는 정치적 이유로 소멸위기에 놓였을 가능성도 배제할 수 없는 것이다. 따라서, 일제시대의 국어국문학자나, 국어로 작품활동을 했었던 지식인은 모두 독립운동가였다고 말해도 지나치지 않을 정도이다. 일제 강점기 때엔 한국어를 유지하고 보존하려는 노력 자체가 독립운동이었을 것이기 때문이다. 말할 것도 없이, 언어는 한 민족의 정신문화를 담는 가장 중요한 그릇이다.

언어와 구성원의 정체성 문제는 이처럼 언어 외적 이유에 의해 많은 영향을 받기도 한다.

코니쉬(Cornish)어를 사용할 줄 알았던 지식인들은 히브리어의 부활에 영향을 받아,[1] 코니쉬어를 부활시켰고, 4-5세기 앵글로 색손족의 영국 정착으로 시작된 코니쉬어의 소멸은 19세기 거의 소멸되었지만, 이제 학자들의 노력으로 2009년에 유네스코는 사멸(extinct)언어에서 소멸위기 언어(critically endangered language)로 그 위상을 높였다.

그런가 하면 영어의 미래를 라틴어의 미래와 비교하여 100년 안에 보다 글로벌하게 변화된 언어로 바뀌면서, 라틴어가 "소멸되었듯이" 오늘날의 영어는 "사라질 것이라"고 생각하는 학자들도 있다. 이 새로운 글로벌한 영어는 팽글리쉬(Panglish)이다.

1 영국 섬의 남서쪽 종단 콘웰지역의 언어. 4-5세기 Anglo-Saxon족들이 영국에 정착했을때부터 점차 적게 사용되기 시작했다.

"팽글리쉬"라는 단어는 공상과학 소설작가인 수젯 해이든 엘진(Suzette Haden Elgin)에 의해서 만들어진 단어인데, 영어가 앞으로 지금과 같은 링구아 프랑카의 위상을 가지게 될 것인가에 대해 아마 새롭게 바뀐 영어, 즉 '팽글리쉬가 링구아 프랑카가 되지 않을까'라고 조심스런 예측하였다.

"Panglish is a simplified global form of the English language characterized by a large variety of local dialects. A blend of the Greek pan (all) and English, the term Panglish was coined by linguist and science-fiction author Suzette Haden Elgin."

P. Gooden (2009)에 의하면, "미래에는 오늘날 우리가 사용하는 표준적인 영어는 당분간 계속 사용될 것이나 동시에 표준영어가 아닌 지역 방언 수준의 영어도 나름대로 번성해나갈 것이다. 영어, 혹은 영어라고 불리는 언어의 일부는 여러가지 다양한 향과 재료가 뒤섞여 버물어지는 요리와도 같을 것"이라고 한다.[2]

"In the future, a standard English will persist around the globe but it is likely that local variations will flourish too... The English language, or portions of it, may be thought of as the essential component in a range of dishes to which flavours and ingredients have been added.

2 Philip Gooden, *The Story of English: How the English Language Conquered the World* Quercus, (2009)

Jonathon Keats(2011)가 인용한 Suzette Haden Elgin에 의하면, 현재 전 세계의 링구아 프랑카로서 확장일로에 있는 영어가 결국 팽글리시로 변해 나갈지 아니면, 결국에는 상호이해불능의 단계로 향해 다양한 변이형 영어로 분화될 것인지에 대한 확실한 답은 없다.[3]

"I don't see any way we can know whether the ultimate result of what's going on now will be Panglish. single English that would have dialects but would display at least a rough consensus about its grammar. or scores of widely varying Englishes all around the globe, most of them heading toward mutual unintelligibility."

미국 메릴랜드주 Towson 대학교 영어역사학자 E. Duncan교수가 아래에 밝힌 바에 의하면 오늘날 우리가 사용하고 말하는 영어는 100년 안에 사라질 것이고, 팽글리쉬로 대체되어 링구아 프랑카는 결국 팽글리시가 될 것이라고 한다. 새로운 단어들이 형성되고, 의미는 변화될 것이며, 특히 영어를 외국어로 말하는 화자들에 의해서 이러한 변화들이 주도될 것이라고 한다.

"English, as it is spoken today, will have disappeared in 100 years and could be replaced by a global language called Panglish, researchers claim. New words will form and meanings will change with the most dramatic changes being made by people learning English as a second language, says Dr. Edwin Duncan, a historian of

3 Suzette Haden Elgin, 2011. quoted by Jonathon Keats in *Virtual Words: Language on the Edge of Science and Technology*. Oxford Univ. Press.

English at Towson University in Maryland, in the US."

2020년이 되면, 영어를 사용하는 화자는 20억명 가량이 될 것이며, 그 중 3억명만이 영어를 모국어로 사용하는 화자가 된다. 따라서 영어의 모국어화자 숫자는 스페인어, 힌디어, 우루두어Urdu, 그리고 아랍어의 모국어 화자와 동일한 숫자일 것이다. 즉, "100년 내에 영어는 영어 비모국어 화자(Non-native speakers of English)에 의해서 주도되는 변화 덕분에 팽글리시로 변화할 것이다"라고 영국의 일간지 텔레그래프지는 예측했다.[4]

"By 2020 there may be two billion people speaking English, of whom only 300 million will be native speakers. At that point, English, Spanish, Hindi, Urdu and Arabic will have an equal number of native speakers." ("English Will Turn Into Panglish in 100 Years." The Telegraph, March 27, 2008)

4 "English Will Turn Into Panglish in 100 Years." The Telegraph, March 27, 2008)

Chapter 06

월드잉글리쉬와 글로비쉬

월드잉글리쉬는 전세계의 곳곳에서 사용되는 영어의 다양한 변종들을 사회언어학적 개념으로 부르는 총칭이며, 글로비쉬는 '단순영어'라고 말할 수 있다.

이 장에서는 영어라는 언어를 보다 더 큰 사회언어학적 맥락에서 이해해 보고자 한다. 영어는 카츠루(Kachru)의 영어 분류 써클이론(Kachru's Three Circles of English theory)에 의하면, 영국 영어(British English), 미국 영어(American English), 캐나다 영어(Canadian English), 호주 영어(Australian English), 뉴질랜드 영어(NZ English) 같은 내부 써클 영어 혹은 핵심 영어권 영어(Inner Circle English)가 있고, Inner Circle English는 영어의 기준, 표준 기본규범(Norm)을 설정하는 영어를 말한다.[1]

1 World Englishes라는 개념은 1990년대 이후, 영어를 공식어, 혹은 제 1언어로 사용하는 나라들과 제 2언어로 사용하는 나라들의 상호 교류와 작용으로 드디어 세계영어라는 말이 등장하기 시작했으며, 이 분야를 연구하는 사회언어학의 한 분야가 되었다.

<표 2 : Kachru의 영어분류써클 도표>

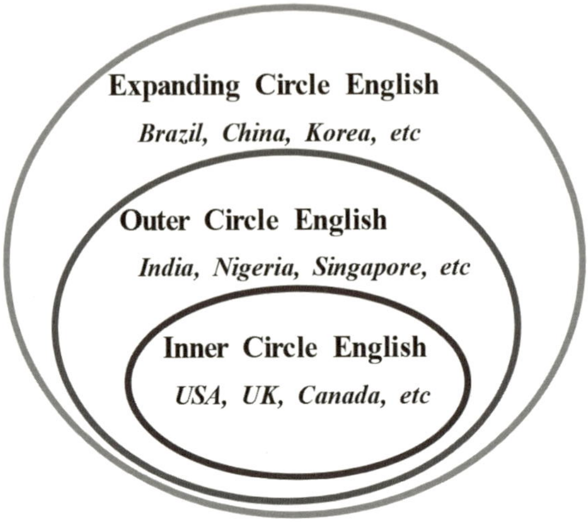

위 표에 의하면 영국영어(BritE), 미국영어(AmE), 캐나다 영어(CanE) 등을 포함하는 핵심 영어권영어Inner Circle English, 인도, 싱가폴, 나이제리아 등을 포함하는 외심영어권 영어Outer Circle English, 그리고, 한국, 일본, 중국, 브라질, 러시아 등의 확장 영어권 영어Expanding Circle English가 있다. 흔히 Singaporean English 혹은 Singlish라는 혼성어가 있다.

<표 3 : 세계의 영어(world English)>

구분	해당국-해당영어	비고
Inner Circle English	United Kingdom, United States of America, Canada, Australia, New Zealand 대영제국, 미합중국, 캐나다, 호주, 뉴질랜드	
Outer Circle English:	Bangladesh, Ghana, India, Kenya, Malaysia, Nigeria, Pakistan, Philippines, Singapore, Sri Lanka, Tanzania, Zambia 방글라데쉬, 가나, 인도, 케냐, 말레이시아, 나이지리아, 파키스탄, 필리핀, 싱가폴, 스리랑카, 탄자니아, 잠비아	
Expanding Circle English	China, Jamaica (some Caribbean countries), Egypt, Indonesia, Japan, Korea, Israel, Saudi Arabia, South Africa, Nepal, Zimbabwe, Taiwan 중국, 자메이카 (카리비안 인근 국가들), 이집트, 인도네시아, 일본, 한국, 이스라엘, 사우디아라비아, 남아공, 네팔, 짐바베, 대만	

Kachru의 영어분류 써클이론은 매우 널리 알려진 분류이긴 하나, 다소 지나치게 단순화 된 느낌이 있다. 이런 분류를 처음 시도한 1980년대 중반에는 참신한 견해 라고 할 수 있었는데, 30여년이 지난 오늘날은 너무 단순하고 영어를 사용하는 환경이 복잡해짐으로 인해, 위 분류 모델에 대한 비판을 시도하는 사회언어학자들도 있다. 물론 Kachru의 World Englishes(세계의 영어들)이란 개념은 드디어 영어라는 언어가 영국과 미국 같은 내부써클 영어로부터 확장성을 가지는 개념의 시작이라는 점에서 획기적이라고 말할 수 있다.

위 표를 살펴보면, 영어를 모국어로 사용하는 국가/커뮤니티는 Inner Circle English 국가이다. 그런가 하면, 영어를 제2언어로 (English as a second language, ESL) 사용되는 많은 국가는 외부써클 영어(Outer Circle

English)에 속한다.

영어를 외국어(English as a Foreign Language)로 공부하는 국가/지역 에서 사용되는 영어는 확장 써클 영어(Expanding Circle English)가 된다. 즉, ESL 국가는 Outer Circle English이고, EFL국가는 Expanding Circle 영어사용 국가라고 할 수 있다. ESL국가와 EFL국가의 차이는 학교/교실 밖에서 영어를 들을 수 있으면, ESL 국가가 되고, 교실/학교 안에서만 한정적으로 영어를 들을 수 있다면 EFL국가가 될 것이다.

그러나, 예컨대, 우리나라는 한국어를 사용하는 단일언어국가 monolingual이지만, 그렇지 않은 경우도 많이 있다. 예를 들면 Canada는 영어와 불어를 공용어Official Language로 사용하는 이중언어국가(bilingual country)이다.

영어사용화자는 앵글로폰(Anglophones), 불어사용화자는 프랑카폰(Francophones) 이라고 부르는데, 그 비율은 대략적으로 약 70%의 영어사용자와 약 30%의 불어사용자로 나뉘며, 캐나다는 이러한 이중언어정책(Bilingualism)으로 널리 알려져 있다. 물론 캐나다의 퀘벡주의 경우는 프랑스어를 모국어로 사용하는 인구가 77%에 달한다.[2] 이점은 아래 도표를 보면 알 수 있다.

2 https://en.wikipedia.org/wiki/French_language_in_Canada.

<그림 4 : 캐나다의 영어사용자 대 프랑스어사용자>

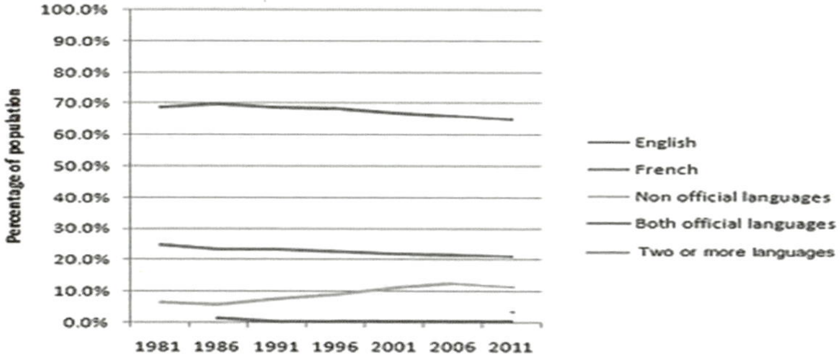

100만개가 넘는 어휘를 가진 영어 대신, 의사소통, 글로벌 커뮤니케이션을 위한 Globish라는 단순화된 영어도 존재한다. 일상적으로 무역이나 비즈니스를 함에 있어 1,500개의 단어만 알면 소통에 문제가 없다는 주장을 한 쟝 폴 네리에르(Jean-Paul Nerriere)는 글로비쉬라는 단순영어를 만들었다.[3]

프랑스 출신 기업가였던 그는, 글로벌 무역 기업인이었는데, 특히 일본의 기업인들과 대화의 어려움을 겪던 그는 영어를 단순화해서 1,500개의 영어단어로 구성된 글로비쉬(Globish, Global+English의 혼성어)라는 단순영어를 창시한다.[4]

노드퀴스트(2020)에 의하면, 글로비쉬(Global+English)는 미국영어를 기준으로 이를 단순화해 놓은 '단순영어'라고 말할 수 있다. 글로비쉬는

3 이 책의 제일 뒷 부분, 부록에 글로비시 1,500단어가 수록되어 있다.

4 Nordquist, Richard. "Globish Language Definition and Examples." ThoughtCo, Feb. 11, 2020, thoughtco.com/globish-english-language-1690818.

프랑스 기업인, 쟝-폴 네리에르가 1990년대 중반에 의사소통어(Lingua franca 링구아프랑카)로 만들어진 언어이다. 물론, 이와 유사한 개념으로 공상과학소설작가이자 언어학자인 수젯 헤이든 엘진Suzette Haden Elgin은 앞서 언급된 Panglish(Pan(all)+English)란 개념을 만들어냈다.

글로비쉬는 피진(Pidgin)어가 아니라고 말한 언어학자 J. Ottenheimer (2008)의 분석에 의하면, 글로비쉬는 관용어구 등이 없다. 글로비쉬는 통사구조나 문장의 무한순환성은 있지만, 관용구가 없다는 점이 흥미롭다.[5]

".....Globish is "not quite a pidgin," says linguist Harriet Joseph Ottenheimer. "Globish appears to be English without idioms, making it easier for non-Anglophones to understand and to communicate with one another (The Anthropology of Language, 2008)."

M. Blume(2005)에 의하면, Globish는 문화의 전달체(vehicle)인 "언어"가 아니고, 그저 단순히 의사소통을 위한 도구 혹은 의사소통의 수단이라고 주장하였다.

"[Globish] is not a language, it is a tool.... A language is the vehicle

5 피진Pigin이란 피진 혹은 피진어는 의사소통을 위해 공통적으로 사용되는 언어가 없는 2-3개 이상의 그룹에서 사용되는 문법이 간단해진 언어를 이야기한다. 일반적으로 어휘와 문법이 제약적이고 단순하며, 여러 해당 언어들의 혼성물인 경우가 많다. 주로 상호간의 교역을 위해 피진이 사용되는데 혹은 화자들이 거주하고 있는 지역의 언어와 자신들의 언어가 다른 경우에 발달한다. 대부분의 언어학자들은 피진을 "완전한 언어"로 취급하지 않는다.

of a culture. Globish doesn't want to be that at all. It is a means of communication."

'언어', '자연언어'는 의사전달, 의사소통, 문화전달 등의 기능만이 있는 것이 아니다. 언어자체의 음성규칙과 발음, 어휘의 생로병사, 구문의 순환성과 규칙성, 또한 그 언어가 발화되는 순간의 상황과 맥락관련 화용, 문체학, 수사학, 그 언어를 모국어로 습득하는 사람들의 습득과정 등이 연구대상이 되는 하위분야들이다.

● Globish Language Definition and Examples

글로비쉬는 '언어'라기 보다는 '도구'이다. '언어'는 의사소통의 도구이기도 하지만, 그것보다 더 중요한 기능과 역할, 의미 등이 있는데 그것은 그 언어가 사용되는 커뮤니티의 문화전달매체 기능이다. 그에 비해, 글로비쉬는 문화를 전달하는 매체가 아니고, 의사소통을 위한 도구일 뿐이다.

글로비쉬의 창시자인 쟝폴 네리에르는 2005년 M. Blume를 통해 뉴욕타임즈(The New York Times)에서 말하기를 "만일 영어를 마스터할 수 없다면, 글로비쉬를 시도해 보세요"라고 말했다. 글로비쉬는 글로벌기업가였던 쟝폴네리에가 일본 비지니스 기업인들과 만나서 영어로 소통하기에 어려움을 느껴 영어를 단순화하여, 복잡한 문법을 없애고, 영어의 어휘를 1,500개로 한정하고, 관용구를 없앴으며, 수사어법 등의 문학적 표현방식을 없앤 쉬운 언어이다. 글로비쉬의 어휘목록은 이 책의 부록으로 첨부되어 있다.

● 글로비쉬의 예시Examples of Globish[6]

데이빗슨에 의하면, 관용구도, 복잡한 문법이나 통사체계도 없는 글로비쉬는 복잡한 영어체계를 실용성있는 영어로 바꾸어 놓았는데, 결국 chat이란 단어는 '서로에게 편하게 이야기하다'로 바뀌었고, sibling(형제자매)는 '내 부모의 다른 아이(들)'이라고 정의하고 있다. 그러나 바뀌지 않는 단어들도 있는데 피자pizza는 '피자'로, 택시는 택시 'taxi'로, 경찰은 '경찰'로 남아있다.

"[Globish] dispenses with idioms, literary language and complex grammar. . . . [Nerriere's] books are about turning complicated English into useful English. For example, chat =speak casually to each other in Globish; and kitchen =the room in which you cook your food. Siblings =(rather clumsily)the other children of my parents. But pizza = pizza, taxi =taxi, police= police

향후, 영어는 글로비쉬처럼 변화하게 될까? 미래의 링구아프랑카는 중국어(Mandarin Chinese)나 아랍어가 될까? 라는 의문점을 가질 수 있다. 당분간은 그럴 것 같지 않다.

6 J. P. Davidson, Planet Word. Penguin (2011)

글로비쉬는 문화적 미디어에 기인한 현상으로, 기본적으로는 언어 기능의 경제성에 기반을 두고 있다. 글로비쉬는 글로벌 마케팅에서의 통상, 경제, 광고 및 홍보 등에 초점을 두고 있으며, 싱가폴의 무역인들은 국내에서는 불가피하게 지역언어를 사용할 수 밖에 없을 것이다.

흥미로운 점은 대세언어인 영어가 링구아프랑카의 지위를 중국어나 스페인어, 아랍어등에 넘기는 경우보다 글로비쉬라는 영어의 먼 "친척"에게 넘기게 되는 일을 영국사람들은 더욱 걱정해야 하는 것 아닐까 싶다는 점이다.[7]

7 이 책 제일 뒤 글로비쉬 1,500단어가 첨부되어 있다.

Part II

영어 트리비아Trivia

Chapter 07

영어는 단어가 몇 개?

영어 어휘부에는 고어등을 포함하여, 100만개가 넘는 단어가 있고, 미국의 18세 청년은 영어단어 18,000개를 알고 있다고 한다.

한국어 단어보다 영어단어의 개수가 더 많다고 생각하는 사람들이 있다. 이들의 추정은 대략 맞는 것 같다. 많은 사람들은 영어에는 백만개 이상의 단어가 있다고 추정하고 있다. 사실 2010년 구글과 하버드대학이 공동으로 전산화된 서적의 '단어'를 살펴본 연구에 의하면, 영어에는 백 만개 이상의 단어가 존재한다고 추정했으며 매년 수 천개의 단어가 늘어나고 있다고 한다.

Many people estimate that there are more than a million words in the English language. In fact, during a project looking at words in digitised books, researchers from Harvard University and Google in 2010, they estimated a total of 1,022,000 words and that the number would grow by several thousand each year.

그러나 깊이 생각해보면, 'wheelchair'와 'wheelchairs'가 각각 다른 두 개의 단어라고 간주할 것인가 아니면 하나의 단어로만 생각하는가에 따라 단어의 개수는 크게 달라질 것이다. 하나의 단어가 여러 다양한 굴절이나,[1] 파생된 형태를 포함하고 있을 수 있다는 의미이고, 동시에 역사적으로 오래전에 사용되던 단어여서 더 이상 오늘날 영어 Present Day English(PDE)에서는 사용되지 않는 죽은 단어(死語)들도 포함된 숫자임을 알아야 할 것이다.

Many people estimate that there are more than a million words in the English language. In fact, during a project looking at words in digitised books, researchers from Harvard University and Google in 2010, they estimated a total of 1,022,000 words and that the number would grow by several thousand each year. When you see a massive number like this, though, it's important to remember that this includes different forms of the same word. It also includes lots of words that we could call archaic (they are not used in modern English).

옥스포드 영어사전(2nd edition)은 대략 60만개의 단어를 정의하고 있는데, 이 숫자 역시 매우 오래되어 더이상 사용되지 않는 단어도 포함되어 있다. 이 사전은 매년 새로이 사용되거나 새로이 만들어지는 단어를 포함해 나가며, 어떤 경우는 기존의 단어가 새로운 의미를 추가

1 영어에는 8개의 굴절접사 혹은 굴절형태소가 있는데, 동사에 붙는 (1) 3인칭 현재의 '-s' (2)과거시제의 '-ed', (3) 과거완료시제 '-en' (4) 진행형의 '-ing', 명사에 붙는 (5) 복수를 나타내는 '-s', (6) 소유를 나타내는 -'s, 형용사와 부사에 붙는 (7) 비교급 '-er', (8) 최상급 '-est'가 있다. 이들 굴절접사는 모두 접미사적 성격으로 단어말에 나타난다.(John walks to school every day, John walked to school yesterday, John had seen a ghost, John was walking to school, *bagels*, John's car, tall*er*, tall*est*.)

적으로 포함하는 경우도 있다. 옥스포드 사전부는 오늘날 에도 사용되는 단어 17,146개의 단어를 제시하였으며, 최근 들어 새로이 사용되는 단어들을 포함하는 것이다.

그러나, 17만 여개의 단어도 여전히 매우 많으며, 영어 모국어화자가 실제로 사용하는 단어의 갯수를 의미하는 것은 아니다. Testyourvocab.com이라는 인터넷 사이트에서 밝힌 바에 의하면, 실생활의 영어화자(Anglophones)가 사용하는 영어단어의 갯수는 20,000개-35,000개 정도라고 밝힌 바 있다. 물론 화자의 교육, 직업, 관심사 등에 따라 당연히 다른 단어들이 포함될 것이다.

Standard Literacy Test의 저자 Hunter Diack는 9세의 미국 어린이는 약 6,000개의 영어단어를 이해하고 사용할 수 있으며, 고졸 정도의 학력에 해당되는 18세의 청년은 18,000개의 영어단어를, 그리고 대졸자는 약 24,000개의 영어단어를 사용하며, 중년의 전문직 종사자는 약 30,000개의 영어단어를 안다고 추정하였다. 한편, 그의 작품을 분석해 보면, Shakespeare는 약 31,500개의 영어 어휘를 알고 사용한 것으로 추정된다.[2] 보다 최근의 일로 Winston Churchill은 자신의 연설문 등에 약 60,000여 개의 영어 어휘를 구사한 것으로 알려져 있다.

따라서, 영어라는 언어에는 몇 개의 단어가 있는가 하는 질문을 다

2 Questions of English (Oxford University Press, 1994: 159-160)

시 생각해본다면, 대략 3가지 질문에 대한 답을 할 수 있어야 하겠다. 우선, 고대영어부터 오늘날 영어까지, 전체적으로 100만개가 넘는 영어 단어가 있고, 오늘날 사용되고 있는 영어단어의 갯수는 약 17만개 정도이며, 영어 모국어 화자 개인이 사용하는 단어는 약 2만개-3만개 정도라는 사실이다.

그런가 하면, 우리나라와 같은 EFL(외국어인 영어) 국가에서는 초등학교를 졸업할 때 영어 어휘의 숫자는 500개, 중학교를 졸업할 때 1250개까지, 그리고 고등학교를 졸업할 때는 2,800-3,000개 정도의 영어단어를 학습하도록 교육과정에 안내되어 있다.

우리나라 영어과 교육과정(2015년도 교육부)에 의하면, 기본 어휘에 관한 지침에서 각학년군에서 사용할 수 있는 새로운 어휘 수는 다음과 같다.

초등학교 3-4학년군: 240 낱말 내외,

초등학교 5-6학년 군: 260 낱말 내외(누계: 500낱말)

중학교 1-3학년 군: 750 낱말 내외; (총계 1250 낱말)

고등학교 (공통)으로 총계 약 1800여개의 어휘. 심화 독해과정까지 약 3,000~3,500여 개의 영어단어를 학습하도록 되어 있다.

아래의 표는 미국/영국 기준 어휘의 숫자를 요약해 둔 표이다.

<표 4 : 미국/영국 기준 어휘 수준 요약표>

연령-학령-경력	영어 어휘갯수	비고
9-year olds	6,000개	9세 아동
18-year olds	18,000개	고졸자
College graduates	24,000개	대졸자
Middle-aged professionals	30,000개	중년 전문직

영어를 모국어로 하는 어린이가 옹알이 시기(babbling stage)를 거쳐, 1-단어 시기(holophrastic stage), 2-단어 시기(two-word stage), 그리고 3단계인 전보문 단계(telegraphic stage)를 지나면 기하급수적으로 많은 단어들을 습득해 나아간다. 제1언어습득의 연구분야(first language acquisition, FLA)에서는 약 10 - 14개월부터 모국어를 배워가는데, 태어난 지 1주일이 된 신생아조차 자신의 모국어(영어)와 다른 외국어(프랑스어)의 억양을 알아차려 눈동자가 빨리 움직인다든지, 고무젖꼭지(pacifier)를 더 세게 빤다든지 한다고 학자들은 보고하고 있다.

아래는 EFL국가인 한국의 교육과정에 따른 영어 어휘의 개수를 요약한 표이다.

<표 5 : 한국의 영어 어휘 개수, EFL 교육과정 예시[3]>

연령-학령	어휘갯수	누계
초등학교 3-4 (10-year olds)	약 240단어	240 개
초등학교5-6 (12-year olds)	약 260 단어	500개
중학교Middle schoolers	약 750 words	1,250개
고등학교	약 1,800개	약 3,000-3,500개
대학	해당없음	기준없음

우리나라의 영어성적을 세계 100여개 국가와 비교한 EPI자료에 의하면, 우리나라의 국가경쟁력과 경제규모에 비해 우리의 영어성적표는 그다지 좋지 못하다. 유치원-초-중-고-대학까지 영어공부에 쏟아붓는 돈을 생각하면, 더욱 더 그러하다. 뒷장에서 상세히 논의되겠지만, 우리의 EFL영어교육 가이드라인을 ESL수준으로 높일 필요가 있다고 보인다. 특히 영어과 교육과정 속의 어휘의 수준과 개수를 높여 영어 문해능력도 높이고, 보다 통합적 영어실력을 높일 필요가 있다고 보인다. 우리나라는 ESL수준의 가이드라인이 주어지면, 충분히 ESL 국가가 될 수 있는 해나갈 학습역량이 있다고 보이기 때문이다.[4]

3 전 세계 100여 개국을 대상으로 한 영어 유창성-능숙도 시험을 실시하는 EPI의 자료는 Productive skills(Speaking, Writing)를 제외한 Receptive skills(Reading, Listening)만을 테스트해서 뽑은 성적이긴 하나 시험에 참가한 응시자수가 전세계적으로 골고루 퍼져 있다는 점, 백만명이 넘는다는 점으로 인해, 신뢰할 만한 시험이다. 대한민국은 2019년도에 세계 37위 성적을 보였고, 2020년도에는 32위를 보였다. 13장을 참조할 것.

4 English pays off! 란 문구처럼 말이다.

Chapter 08

영어는 EU의 공식언어로 남을 수 있을까?

유럽도 영어열풍속에서 Brexit 여파로 유럽연합에는 영어사용국이 거의 없어 EU 공용어로서의 위상이 흔들리고 있다.

우리는 매일 영어나 다른 외국어와 시름을 벌이지만, 영어권 국가에서도 외국어를 잘하고자 하는 마음을 가진 사람들은 많다. 2018년 영국 BBC는 사람이 어떤 외국어를 잘하려면 몇 개의 단어를 알아야 할까 라는 질문을 던졌다.[1]

"How many words do you need to know before you can actually get by in a foreign tongue?" (By Beth Sagar-Fenton & Lizzy McNeillMore or Less, BBC Radio 4, 24 June 2018)

한 (영국인) 시청자가, 독일어를 3년 동안 매일 연습하면서 열심히 공부하였으나, 500단어도 알지 못하는 상황에 좌절감을 느껴, 라디오 방송에 자신의 상황을 토로한 일이 있었다. 우리는 하나의 외국어를 공

1 Beth Sagar-Fenton & Lizzy McNeillMore or Less, BBC Radio 4, 24 June 2018

부할 때 얼마나 많은 단어를 실제로 알아야 할까요?" 라는 질문에 대해서, 우선 자신이 모국어로 사용하는 언어에서는 몇 개의 단어를 알고 있습니까? 이 질문에 대한 대답을 할 수 있어야 외국어 학습에서 필요한 단어의 개수를 추정하기 쉬울 것이다. 예컨대 영어의 모국어 화자는 일상적으로 몇 개나 되는 영어단어를 알고 있으며, 실제로 몇 개의 단어를 사용할까?

이미, 바로 앞 장에서 상세히 설명했듯이, 영어단어의 개수는 굴절 접사를 고려하지 않고, 너무 오래된 단어, 사용하지 않는 단어 47,156여 개를 제외하고도, 171,467개의 단어가 현재 사용되고 있다고 Oxford English Dictionary(옥스포드 사전사)는 말한다.

한편, 언어학자인 Paul Nation과 John Read, Robin Goulden은 불과 50개의 단어를 가지고 실험을 하였다. 만일 이 순간에 50개의 단어를 다 아는 사람이라면 당신의 현 어휘력 -알고 있는 단어의 갯수는 500을 곱한 숫자, 즉 50×500=25,000개가 된다.

캐나다 웨스턴 온타리오대학University of Western Ontario의 스튜워드 웹 교수 Stuward Webb에 의하면 외국어로 한 언어를 공부할 때, 모국어 화자만큼 많은 단어를 아는 것은 매우 어려운 일이며, 예를 들어, 영국에서 불어를 공부하던가 일본에서 영어를 공부할 때, 영어 모국어 화자가 20,000-30,000개의 단어를 아는 것에 비해, 그 10분의 1인 2,000

개에서 3,000개 알기도 힘들다는 지적을 하였다.[2] 실제로 대만에서 9년간 영어공부를 했어도 사용빈도수가 높은 1,000개의 단어도 제대로 알지 못했다는 점을 들었던 것이다.

이와 유사한 점으로 한국의 교육과정에서는 초등학교를 졸업할 때 500여개의 어휘를, 중학교를 졸업할 때까지 1250여개(초등학교 졸업할 때 아는 단어 500개 포함), 그리고 고등학교를 졸업할 때 까지 2,800-3,500여개의 단어를 학습하도록 되어있다. 위에서 언급한 일본의 수준과 비슷한 수준인 셈이다.

그러나 영어를 왜 공부하는가 목적에 따라, 알아야 할 혹은 공부해야 할 단어의 개수는 달라질 수 있다. 동시에, 희귀한 단어를 하나 아는 것보다는 사용빈도가 높은 단어(lemma) 800-1,000여 개를 아는 것이 일상적인 영어의 75%를 이해할 수 있도록 도와준다는 점도 명심하면 좋겠다.

또한, 몇몇 연구에 의하면 영어로 된 영화나, TV, 드라마 등의 대화를 이해하는데 약 3,000여 개의 빈도수 높은 단어를 알면 될 것이라는 보고가 있다. 또한, 신문, 소설, BBC 논설 등을 잘 이해하는 데는 8,000-9,000여 개의 어휘를 이해하면 가능할 것이다.

2 http://www.my.vocabularysize.com 참조할 것.

● 유럽도 이젠 영어가 링구아 프랑카

유럽사람들은 이제 어떤 언어를 사용할까? 불어는 이미 언어전쟁에서 영어에 밀린 언어가 되었고, 유럽사람들은 이제 압도적으로 영어를 선택하였다. 오스트리아의 한 유로비전 음악 경연대회에서 투표는 불어로 번역이 되긴 했지만, 대부분 영어로 진행되었다. EU는 점점 더 많은 사업을 영어로 하고 있으며 통역자들은 거의 영어로만 말하고 있는 듯하다. 독일의 대통령인 Joachim Gauck(2012-2017)는 "영어사용 유럽"이란 연설에서 영어의 중요성을 아래와 같이 피력하였다.

"각 국가의 언어는 국가정신, 시나 문학작품을 위해서 소중하게 보존되어야 하지만, 이와 더불어 모든 연령층이나 모든 일상생활의 상황을 위해 실용영어도 함께 소중하게 사용되어야 할 것이다."

The Economist와의 인터뷰(2014)에서 루벵 대학Louvain University 교수인 Philippe Van Parijs에 따르면, 유럽의 민주주의는 더 이상 단일문화나 단일 정치커뮤니티를 요구하지 않는다. 그러나 하나의 링구아 프랑카는 필요하다. 이제 영어는 링구아 프랑카로 자국어 언어장벽이 높았던 프랑스, 독일 등에서도 사용하지 않을 수 없는 언어가 되었다. 그러나 이 링구아 프랑카로서의 영어는 엘리뜨만의 언어(the language of an elite)가 아니라, 보다 간단한 문법과 어휘 등을 활용하는 "貧子의 언어"가 되었다고 아래의 원문이 보여주고 있다.

"... The answer to Europe's democratic deficit, says Mr Van Parijs, is to accelerate the process so that English is not just the language of an elite but also the means for poorer Europeans to be heard. An approximate version of English, with a limited vocabulary of just a few hundred words, would suffice."[3]

동아일보 인터넷판 2021/1/21일자 김윤종의 기사에 따르면, EU는 이제 영국이 Brexit으로 EU를 탈퇴한 것이 2021.1.1로 공식화 됨에 따라, EU회원국 간의 공식 공용어로서 영어는 그 위치를 상실할 지도 모른다. 왜냐하면, 1973년 영국이 EU의 전신 유럽경제공동체(ECC)에 가입했을 당시에만 해도 프랑스어가 제1 공용어였던 것이다.

그런데, 인터넷 등 IT업의 발달과 더불어, 1990년대 이후 영어가 점차 제2언어로서 확산일로에서 2020년까지만 해도 EU 공식문서의 초안은 90%가 영어로 작성되었고, 프랑스어는 4%에 불과했다. 영국이 탈퇴함으로써, EU 27개국 중 영어를 공식언어로 사용중인 국가는 아일랜드(Ireland)와 몰타(Malta) 뿐이다. 이 두 국가는 EU 국가 중 상대적으로 그 영향력이 미미한 것이 사실이다.

따라서, 독일과 프랑스는 각각 자국어를 제1공식언어의 위치로 올려놓을 것을 주장하고 있으나, 현실적으로 이미 링구아 프랑카가 된 영어를 포기하기가 쉽지 않아 보인다. 동시에 자국어에 대한 자부심

3 Charlemagne, "The Globish-Speaking Union." The Economist, May 24, 2014

으로 영어공부를 소홀히 했던 프랑스인들의 40%는 이제 영어에 능숙하다고 평가받고 있다고 한다.

세계 각국(100여개 국가)의 영어성적표를 확인해 보면, 프랑스는 2019년에 31위에서 2020년도에 28위를 기록하고 있다.[4]

●Brexit의 여파: "영어는 EU공식언어가 될 수 없다!?"

"브렉시트가 이뤄졌는데, 영어만 고수해서야…. 어설픈 영어 사용, 중단합시다."

프랑스 외교부 클레망 본 유럽담당 국무장관이 최근 기자회견에서 불쑥 꺼낸 말이다. 이어 그는 "언어 다양성 회복정책을 유럽연합(EU) 차원에서 마련하겠다"고 밝혔다. 르몽드 등 프랑스 언론은 그의 발언을 두고 '언어전쟁이 시작됐다'며 앞다퉈 보도했다. 브렉시트가 올해 1월 1일 단행되면서 영어가 차지하던 'EU의 제1공용어' 위치를 어떤 언어가 이어받느냐를 두고 논쟁이 본격화됐다.

프랑스 정부에 이어 소르본대 장크리스토프 갈리앵 교수 등 프랑스 지식인들도 "영어의 불균형적 지배를 줄이자"며 자국어 지원에 나섰다. 프랑스인의 자국어 자부심은 유독 강하다. 에마뉘엘 마크롱 대통

4 English Proficiency Index (EPI, 2019, 2020). 이 책 13장을 참조할 것.

령이 공식석상에서 영어를 자주 사용하자 학자 100명이 "영어를 쓰지 말라"는 공개서한을 보냈을 정도라고 한다.

'역사적'으로 보면 이해가 된다. 영국이 1973년 EU 전신인 유럽경제공동체(EEC)에 가입했을 당시 프랑스어가 제1공용어였기 때문이었다. 1990년대 들어 영어에 더 익숙한 북유럽, 동유럽 국가들이 EU에 가입하며 상황이 역전됐다.

독일 역시 자국어를 제1의 EU 공용어로 만들려는 움직임을 보이고 있다. 일폴리오 등 이탈리아 주요 언론도 "EU에서 떠나길 원한 사람(영국인)의 언어를 고집하는 건 EU 회원국의 신뢰를 약화시킨다. 제1공용어를 바꾸자"고 전했다.

그러나 젊은 세대를 중심으로 이런 논쟁이 '비현실적'이란 의견이 나오고 있다. 유럽의 대학생들은 "해외 취업을 위해 영어 실력을 늘리려는 친구들이 많다"며 "저성장 고실업으로 '유럽의 병자(病者)'가 된 프랑스의 국가경쟁력부터 회복하는 게 우선"이라고 말했다. 지난해 프랑스의 실업률은 8%대로, 독일(3%대)이나 영국(4%대)보다 높다.

같은 맥락에서 '프랑스인은 영어를 못한다'는 얘기는 이젠 옛말이 되고 있다. EU 조사기관인 유로바로미터에 따르면 프랑스인의 40%가 영어에 능숙하다. 영어능력지수 조사에서도 프랑스는 2019년 31위였지만 2020년 28위로 올라왔다.

결국, 제1의 EU 공용어가 어떤 언어로 대체되느냐는 EU내 '어느 국가'가 정치 · 경제적으로 앞서가고 미래를 선도하느냐에 달려 있다. 이를 의식한 듯 프랑스어권 국제기구 프랑코포니(OIF)조차 "EU에서 영어 퇴출은 막대한 무질서와 비용을 초래하고 경쟁력을 약화시킬 것"이라고 밝혔다. 결국 경제가 언어도 지배하는 지구촌 풍경이다.

자국의 언어와 문화에 대한 자부심은 소중하다. 다만, 한 국가의 경쟁력이 담보가 될 때 더욱 빛을 발한다. 그런 차원에서 파리7대학, 국립동양어대 등 프랑스 주요 대학에 설치된 한국학과 경쟁률이 2, 3년 전부터 10 대 1을 넘어선 현실은 우리에게 적잖은 희망으로 다가온다.

Chapter 09

올해의 영어단어는?

전치사-because, hangry, gochujang, 단수-they 등이 EFL 영문법이 위태롭다!

우리나라도, 매년 초가 되면, 몇 몇 학술단체나 기관, 혹은 언론사에서 올해의 사자성어四字成語를 선정 발표하는데, 영어권 국가에서는 해마다 "올해의 영어단어"를 선정한다.

2018년도 말 메리엄웹스터 사전사가 선정한 단어 26개 중에는 '고추장'이란 한국어 단어가 'gochujang'으로 등재되었음을 알렸으며, hangry는 hunger+angry가 혼성어로 합해져 등재되었다. 2013년 말에는 기존의 종속접속사 'because'를 전치사로 사용된 경우를 '올해의 단어'로 선정하였으며, 2009년 defriend, unfriend처럼 '친구(명단)에서 제외시키다'라는 의미의 동사로 사용하기도 하였는데, 'friend'가 동사로 사용되는 것은 거의 300년 만의 일이라고 한다. 즉 1,700년경 동사로도 사용되었던 'friend'는 300여년간 명사로만 사용되다가 SNS등의 등장과 더불어 '친구명단이나 SNS에서 '친구목록' 에서 제외하다'가 된 것이다.

<그림 5 : "because가 전치사가 되었다"고 알렸던 신문기사:
미국방언학 학술지 (American Dialect Society)의 기사 일부>

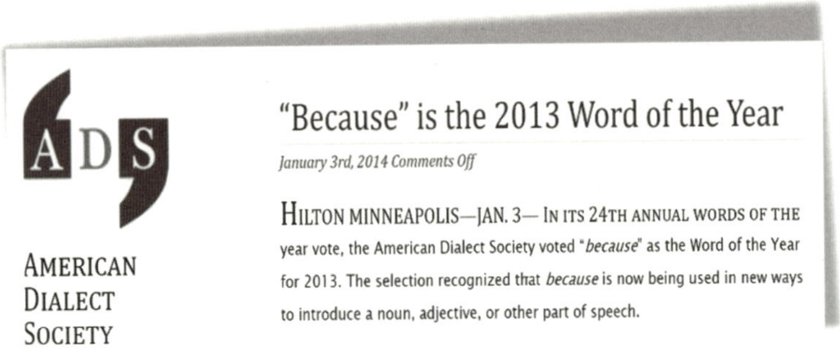
ADS
AMERICAN DIALECT SOCIETY

"Because" is the 2013 Word of the Year

January 3rd, 2014 Comments Off

HILTON MINNEAPOLIS—JAN. 3— IN ITS 24TH ANNUAL WORDS OF THE year vote, the American Dialect Society voted "*because*" as the Word of the Year for 2013. The selection recognized that *because* is now being used in new ways to introduce a noun, adjective, or other part of speech.

한편, 바로 뒤에 절이나 혹은 명사구가 올 수 있는 since, before, after등과 달리 'because'는 반드시 시제절의 형태만이 접속될 수 있다. 왜냐하면, 'because'는 학교문법(전통문법)에서는 수 백년 동안 종속접속사로만 분류되었기 때문이다. 그러나, 놀라운 사실은 100여년 전에도, 'because' 뒤에 명사구가 올 수도 있다는 주장이 존재 했었다는 점이다. 품사 혹은 통사범주의 분류가 학자들마다 이견이 있을 수 있다는 증거이다.

오토 예스퍼슨(Otto Jesperson)의 주장을 소개한 홍성심-전주현(2018)에 의하면, because는 전치사로서 그 뒤에 어떤 종류의 구 범주(예를 들면, 명사구, 형용사구, 시제절 등 XP)도 올 수 있는 요소로 이미 100여 년 전부터 사용되었다는 기록이 있다는 것이다. 역시 요즘 젊은이들의 영어는 과감하다.

<그림 6 : BECAUSE가 '전치사'가 되었다는 기사>

The Atlantic | Popular | Latest | Sections | Magazine | More | Subscribe

TECHNOLOGY

English Has a New Preposition, Because Internet

Linguists are recognizing the delightful evolution of the word "because."

MEGAN GARBER NOV 19, 2013

<그림 7 : BECAUSE가 '전치사'가 되었다는 기사>

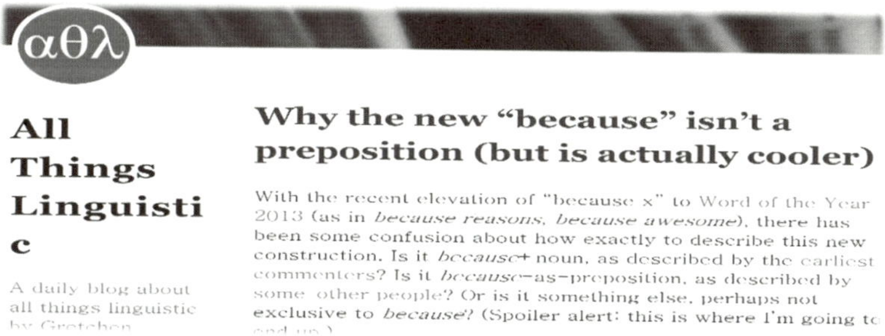

αθλ

All Things Linguistic

A daily blog about all things linguistic by Gretchen

Why the new "because" isn't a preposition (but is actually cooler)

With the recent elevation of "because x" to Word of the Year 2013 (as in *because reasons*, *because awesome*), there has been some confusion about how exactly to describe this new construction. Is it *because*+noun, as described by the earliest commenters? Is it *because*-as-preposition, as described by some other people? Or is it something else, perhaps not exclusive to *because*? (Spoiler alert: this is where I'm going to end up.)

그런가 하면 hunger와 angry가 혼성어로 합해진 'hangry'도 2018년 '올해의 단어'로 선정되었다. 아래 사진에서는 'hangry'가 들어간 T-셔츠가 보인다.

<사진 1 : Hangry가 단어로 들어간 캐나다의 어느 기념품 가게 T-셔츠>

그리고 다음은 '고추장'이 'gochujang'으로 등재된 사진들이다.

<그림 8 : 고추장이 영어로 'gochujang'으로 등재된 Collins 사전>

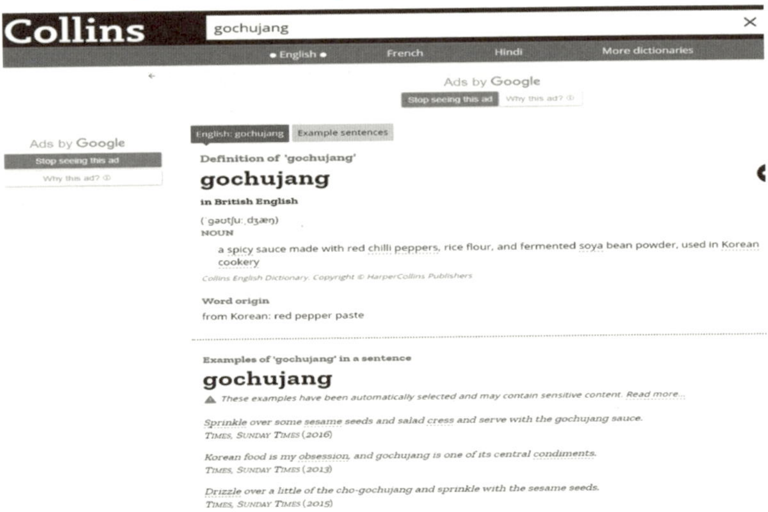

Collins
gochujang
English French Hindi More dictionaries

Ads by Google
Stop seeing this ad Why this ad?

English: gochujang Example sentences

Ads by Google
Stop seeing this ad
Why this ad?

Definition of 'gochujang'

gochujang

in British English

(ˈɡəʊtʃuːˌdʒæŋ)

NOUN

a spicy sauce made with red chilli peppers, rice flour, and fermented soya bean powder, used in Korean cookery

Collins English Dictionary. Copyright © HarperCollins Publishers

Word origin

from Korean: red pepper paste

Examples of 'gochujang' in a sentence

gochujang

These examples have been automatically selected and may contain sensitive content. Read more...

Sprinkle over some sesame seeds and salad cress and serve with the gochujang sauce.
TIMES, SUNDAY TIMES (2016)

Korean food is my obsession, and gochujang is one of its central condiments.
TIMES, SUNDAY TIMES (2013)

Drizzle over a little of the cho-gochujang and sprinkle with the sesame seeds.
TIMES, SUNDAY TIMES (2015)

<그림 9 : 고추장이 영어로 'gochujang'으로 등재된 Merriam-Webster사전>

Merriam-Webster SINCE 1828 | JOIN MWU | GAMES | BROWSE THESAURUS | WORD OF THE DAY | VIDEO | WORDS AT PLAY

gochujang

DICTIONARY | THESAURUS

gochujang

noun | go·chu·jang | \ˈgō-ˈchü-ˈjäŋ\

Popularity: Bottom 10% of words | Updated on: 21 Aug 2018

TRENDING NOW: hirsute op-ed collegiality mistrial hogwash SEE ALL >

Definition of GOCHUJANG

: a spicy paste used in Korean cuisine that is made from red chili peppers, glutinous rice, and fermented soybeans

- With Ms. Kim's encouragement, I made a version of her Korean bouillabaisse by sautéing kimchi with *gochujang*, soy sauce and fish sauce, then adding stock and a mix of shrimp, scallops and mussels. The *gochujang* added flavor and served as a thickener. —Jane Black
- Korean supermarkets, like H Mart in Manhattan, carry not only all manner of foods—like *gochujang*, three-layered pork belly, and Korean snacks—but also a range of practical (affordable) kitchen and home goods. —Lauren Ro

Origin and Etymology of GOCHUJANG

borrowed from Korean *kojujang*, from *koju* "red pepper" + *chang* "paste made from soybean and other ingredients" (borrowed from a Middle Chinese antecedent of Beijing Chinese *jiàng* "soybean paste")

물론 여러기관이나 출판부, 언론사에서 '올해의 단어'를 선정하지만, 올해 Collins 사전사는 '먹방(mukbang)'을 2020년 올해의 단어 중 하나로 정식 선정했다.

<그림 10 : '먹방'이 영어 'mukbang'으로 등재된 collins 사전>

English: mukbang

Definition of 'mukbang'

mukbang

in British English

(ˈmʌkˌbæŋ)

NOUN

a video or webcast in which the host eats a large quantity of food for the entertainment of viewers

Collins English Dictionary. Copyright © HarperCollins Publishers

Word origin

C21: Korean, from *meogneun* eating + *bangsong* broadcast

"올해의 단어"는 일단 메리엄웹스터 사전 출판부의 멜라키Malarkey, (Joe Biden 미국 대통령 당선인President-elect인 시절 즐겨쓰던 단어로 아이리쉬Irish에 어원을 둔 것으로 추정되고 있다.) 그리고 콜린즈 사전사의 mukbang이 올해의 단어 중 하나로 선정되었다. 옥스포드 사전사는 유난히 많은 단어를 올해의 단어로 선정했는데 역시 코로나 관련 COVID, Pandemic, social-distancing, self-isolating 등이 눈에 띄었다.

따라서, 영어사전은 포함하는 단어의 갯수가 확정적이지도 않고, 영구불변의 리스트를 가지고 있는 것도 아니라는 점을 알아야 할 것 같다. 불과 100여년 전의 영어는 오늘날 우리가 알고 있는 영어와 다른 점이 꽤 많이 있었다는 점이다.

올해의 단어 중 2018년도 메리엄-웹스터 사전사의 "올해의 단어" 리스트는 Michele Debczak가 정리하여 인터넷에 올린 자료로, 아래와 같다. 이들 중에는 EFL 상황에서 유용하게 사용될 단어들도 있고, 그렇지 않은 단어들도 있다.

아래에는 메리엄 웹스터 사전사의 2018년도에 추가한 '올해의 새 단어' 들이다(M. Debczak 원문, 2018). 고추장(gochujang)도 여기 들어 있다.

● 주요 사전사가 선정한 "올해의 단어"

미국은 지난 10여년 동안 약 840여 개의 새로운 영어단어를 사전에 탑재했는데, 이 단어들의 대부분은 지난 10여 년 동안에는 존재하지 않았던 단어들이었다. 아래에 2018년 말에 발표된 메리엄웹스터 사전사의 "올해의 단어"리스트이고, 영어 원문이 인용-제시되어 있다.[1]

(1) BOUGIE(형용사):

'부르쥬아'의 짧은 말, 부, 재산, 그리고 명예 등으로 표현되는 이라는 의미를 가진다.

"Short for bourgeois, this term means "Marked by a concern for wealth, possessions, and respectability."

(2) TL; DR(축약어):

줄임말로 too long(너무 길어, 읽지 않았어.)의 두문자어이다.

"Too long; didn't read—used to say that something would require too much time to read."

(3) BINGEABLE(형용사):

한꺼번에 몰아 ~~할 수 있는, '폭풍-V(동사) 할 수 있는' 이라는 의미이다.

"Having multiple episodes or parts that can be watched in rapid succession.

해당 예시문은 아래와 같다.

to binge watch(몰아보다, 동사)"

1 Michele Debczak

(i) Binge-viewing, binge-watching, and marathon-viewing are the same expression for the same activity/practice.

(ii) Binge-watching sometimes accompanies binge-drinking(폭음) and binge-eating(폭식) in one spot.

(iii) Nowadays, the young people tend to binge.(폭식하다, 폭음하다)

(4) PREDICTIVE(형용사):

'예측가능한' 이란 의미의 형용사이다.

"As in predictive text: "Of, relating to, or usable or valuable for prediction."

(5) HAPTICS(명사):

촉각, 촉각을 느끼게 해주는 기술 사용(주로 게임기등 전자제품에)

"The use of electronically or mechanically generated movement that a user experiences through the sense of touch as part of an interface (such as on a gaming console or smartphone)."

예를 들면, 조이 스틱, 터치 스크린 같은 전자제품에 촉각, 운동감각 등을 느끼게 해주는 기술을 말한다.

(6) FORCE QUIT(동사):

두 단어를 하나의 동사로 사용, "강제종료"하다 라는 의미의 동사 합성어(compound word)이다.

"To force (an unresponsive computer program) to shut down" (as by using a series of preset keystrokes).

(i) *You should not force quit your computer; it might damage the device.*

(7) AIRPLANE MODE(명사):

비행기 모드, 운항중인 항공기에서 인터넷을 연결하거나, 문자-전화 등을 주고 받을 수 없도록 조처해 놓은 전자제품 운영방식을 말한다.

"An operating mode for an electronic device (such as a mobile phone) in which the device does not connect to wireless networks and cannot send or receive communications (such as calls or text messages) or access the Internet but remains usable for other functions."

(8) INSTAGRAM(동사):

'인스타그램에 사진 올리다'라는 의미의 동사로 사용되는 경우를 선정하였다.

"To post (a picture) to the Instagram photo-sharing service."

(i) *My boss will instagram the incident, whenever she can.*

(9) BIOHACKING(명사):

예를 들면 유전자 편집, 또는 약물의 사용과 투입 등, 생물학적으로 가해지는 실험 바이오 해킹의 명사이다.

"Biological experimentation (as by gene editing or the use of drugs or implants) done to improve the qualities or capabilities of living organisms especially by individuals and groups outside of a traditional medical or scientific research environment."

(10) FINTECH(명사):

핀테크, 재테크, 부동산테크 처럼 finance+ technology의 혼성어이다.

"Products and companies that employ newly developed digital and online technologies in the banking and financial services industries."

(11) MARG(명사):

마가리타, 칵테일의 일종인데 역시 단축어(clipped word)가 새 단어로 등재되었다.

"A margarita. According to Merriam-Webster, the first known usage occurred in 1990."

(12) FAVE(명사):

'가장 좋아하는 것' 옥스포드 사전의 기록으로는 1938년부터 사용되었는데, 역시 'favorite'의 단축어이다.

"Favorite. This word is older than it looks: It dates back to 1938. ("Lester Harding, heavy fave here, clicks with pop songs," was the first usage, according to the Oxford English Dictionary.)"

(13) ADORBS(형용사) :

'매우 매력적이고 호감을 주는' 이란 의미의 형용사이다.

"Extremely charming or appealing, adorable"

(14) RANDO(명사):

존재감이 없거나 중요하지 않은 사람, 그 존재감이 미미한 사람(a

random person)이란 의미이다.

"According to Merriam-Webster, this "often disparaging" slang means "A random person: a person who is not known or recognizable or whose appearance (as in a conversation or narrative) seems unprompted or unwelcome."

cf. The man seems to be a rando at the political convention; not a single person talks to him.

(15) GUAC(명사):

과카몰리(Guacamole)를 줄여 부르는 단축어(clipped word)이다.

(16) IFTAR(명사):

라마단 시기 동안 해진 후부터 새벽까지 무슬림이 먹는 식사이다.

"A meal taken by Muslims at sundown to break the daily fast during Ramadan."

(17) GOCHUJANG(명사):

한국에서 사용되는 매운맛의 장, 고추가루, 찹쌀, 그리고 발효대두로 만든 장이다.

"A spicy paste used in Korean cuisine that is made from red chili peppers, glutinous rice, and fermented soybeans."

(18) MISE EN PLACE(명사):

조리를 시작하기 전에 식당에서 준비하듯 재료를 준비하는 요리과정을 일컫는 명사이다.

"A culinary process in which ingredients are prepared and organized (as in a restaurant kitchen) before cooking."

(19) HOPHEAD(명사):

맥주(홉에서 만들어지므로) 애호가, 원래는 마약중독자를 일컫는 속어이다.

"Originally a slang word for a drug addict dating back to 1883, this word these days means" A beer enthusiast.

(20) ZOODLE(명사):

가늘게 채썰어 마치 국수가락(noodle)처럼 보이게 된 주키니 호박이다.

"A long, thin strip of zucchini that resembles a string or narrow ribbon of pasta."

(21) HANGRY(형용사):

영어(Scottish English 등 소수영어 제외)에 '-gry'로 끝나는 단어가 딱 2개 있는데, 'hungry'와 'angry'가 그것이다. (Oxford University Press) 여기에 이 두 단어의 혼성어인 'hangry'가 생긴 것인데 일반적으로 알려진 것보다는 오래전부터 구어에서는 사용되고 있었다.

배고픔으로 해서 짜증이 난 상태를 일컫는 형용사로 'angry because of hunger', 1956년경 사용되기 시작, 2018년에서야 메리암웹스터 사전에 정식단어로 등재되었다.

"Irritable or angry because of hunger." People have been hangry (or at least using the word) since 1956."

(22) MOCKTAIL(명사):

칵테일은 알콜성, 목테일은 비알콜성 칵테일을 일컫는 말이다.

"A usually iced drink made with any of various ingredients (such as juice, herbs, and soda water) but without alcohol: a nonalcoholic cocktail."

(i) "Have a drink, Jack." "Right. I'll have a mocktail, instead. I'm a designated driver tonight"

(23) LATINX(형용사):

라틴남성(라티노)이나 라틴여성(라티노)에게 젠더중립적으로 사용할 수 있는 말이다.

"...Of, relating to, or marked by Latin American heritage—used as a gender-neutral alternative to Latino or Latina."

(24) GENERATION Z(명사):

1990년대 말이나 2000년대 초반에 태어난 세대를 일컫는 말 "Z세대" 이다.

"The generation of people born in the late 1990s and early 2000s."

우리나라에선 MZ세대라고 두 세대를 통합해서 부르지만, 영어로는 Z세대가 더 보편적이다.

(25) TENT CITY(명사):

노숙자들이나 이주민들의 임시숙소들을 일컫는 말, 수많은 텐트가 모여있는 텐트시티를 일컫는 말이다.

"A collection of many tents set up in an area to provide usually temporary shelter (as for displaced or homeless people)."

'탄핵하다'라는 의미의 impeach, '관용과 자비'라는 의미의 clemency, 그밖에 미국 OSU(The Ohio State University)가 특허등록을 함으로써 유명해진 거의 어휘적 의미가 없을 것 같은 기능어인 정관사 the도 올해의 단어에 선정되었는데, 사실 THE는 한정성이나 구체성, 강조 등을 나타낼 때 강세를 두어 읽는 thee등의 발음을 갖기도 한다.

● 흥미로운 올해의 단어, 단수 —they

한편, 2019년에 메리암 웹스터 사전사는 3인칭 단수 젠더 중립적인 they를 올해의 단어로 뽑았으며, 2020년에는 Pandemic을 올해의 단어로 뽑았다. 따라서, 어휘적 의미가 풍부한 일반 단어와 문법적 기능어의 중간쯤 되는(Hybrid category) 대명사(이 경우, 인칭대명사)를 올해의 단어로 뽑았다는 다소 놀라운 소식을 전했다. 2019년에는 'they'를 찾아본 사람이 자그마치 313% 나 뛰어올랐기에 선정된 것이었다.

"Our Word of the Year for 2019 is 'they'. It reflects a surprising fact: even a basic term—a personal pronoun—can rise to the top of our data. Although our lookups are often driven by events in the news, the dictionary is also a primary resource for information about language itself, and the shifting use of 'they' has been the subject of increasing study and commentary in recent years. Lookups for they increased by 313% in 2019 over the previous year."

현대영어는 3인칭 단수이면, 반드시 남성(he/him/his)이거나 반드시 여성(she/her/her)이어야 한다. 그러므로, 젠더가 알려지지 않은 3인칭 단수의 인물에게 어떤 대명사를 사용해야 하는지 어려움이 있었다. 예를 들면, "The judge left his/her umbrella at the library" "The doctor told me that s/he would not recommend the operation"처럼 그 젠더가 알려지지 않은 the judge/a doctor/a professor/that teacher등을 'he'로 해야 할지 'she'로 해야 할지 알 수 없어서 어정쩡한 방식(his/her, s/he)으로 표시했던 것이다.

즉, 이처럼 젠더 이분지적인 상황이 보편적이었으므로, 3인칭 단수 대명사의 경우 젠더-중립적 대명사가 결여되어 있었다. 흥미로운 것은 그런 이유로 3인칭 복수인 they가 지난 600여년간 사용되어 왔다. 따라서, "The judge left his/her umbrella at the city hall"에서 '판사'가 '남자'인지 '여자'인지에 따라 his umbrella인지 her umbrella인지를 알 수 없어 둘 다 썼던 것이다. 그러나, 이제 이런 경우 "The judge left their umbrella at the city hall"이라고 쓸 수 있다는 것이다.[2]

2 오늘날까지 이 문장은 "그 판사"가 their가 동일인물을 지칭하는 경우 비문으로 간주되고 있었다.

또한, 정치적 이유로든 아니든, 남성-여성의 이분법적인 젠더구분을 원하지 않는 사람, 양성애자, 레즈비언-게이, 트랜스젠더(LGBT: lesbian, gay, bisexual, transgender) 등은 모두 자신을 they로 표현할 수도 있다고 한다.

"English famously lacks a gender-neutral singular pronoun to correspond neatly with singular pronouns like everyone or someone, and as a consequence they has been used for this purpose for over 600 years."

다시 말하면, 최근 들어서 they는 그 젠더의 성격이 이분지적이 아닌 경우에도 사용되기 시작했다. 출판물, 문자, 사회적 미디어, 그리고 영어화자들 사이의 일상적이면서도 개인적 상호작용에서 급격히 많이 사용되기 시작했다. 2019년 메리엄 웹스터 사전사는 이 같은 시대적 흐름과 상황을 반영하여, 올해의 단어로 선정하면서, 3인칭 단수로 젠더 중립적인 단어 'they'를 사전에 포함시킨 것이었다.

"More recently, though, they has also been used to refer to one person whose gender identity is nonbinary, a sense that is increasingly common in published, edited text, as well as social media and in daily personal interactions between English speakers. There's no doubt that its use is established in the English language, which is why it was added to the Merriam-Webster.com dictionary this past September."

이 같은 비이분지적-'they' (혹은 제3의 성을 가리키는 'they')는 2019년도 뉴스에서도 현저하게 나타났다. 이 단어 'they'는 2019년에 워싱턴주의 Pramila Jayapal(WA)의 하원의원이 2019년 4월 Equal Act에 관한 의회의 윤리위원회 공청회에서, 자신의 아이를 이분법적 젠더에 속하지 않는다고 하면서, 'they'를 사용하여 언급하였다. 가수인 Sam Smith는 같은 시기인 9월에 자신은 이제부터 'he'나 'she'가 아닌 'they'/'them'같은 인칭대명사로 불릴 것을 선호한다고 공포하였다.

"Nonbinary-'they' was also prominent in the news in 2019. Congresswoman Pramila Jayapal (WA) revealed in April during a House Judiciary Committee hearing on the Equality Act that her child is gender-nonconforming and uses they. Singer Sam Smith announced in September that they now prefer they and them as their third person personal pronouns."

미국심리학회의 공식블로그에는 이제부터 본인이 선호하거나, 아니면 그 젠더가 알려 져 있지 않을 때, 논문 등을 포함하는 전문적/학술적 글쓰기에서 'he'나 'she' 보다는 'they'를 사용할 것을 권장하고 있다. 트위터나, 이메일, 혹은 학술지 명찰 등에는 'they'/'them'을 사용하는 것이 보편적으로 증가하고 있다.

"And the American Psychological Association's blog officially recommended that singular they be preferred in professional writing over "he or she" when the reference is to a person whose gender is unknown or to a person who prefers they. It is increasingly common to see they and them as a person's pronouns in Twitter bios, email signatures, and conference nametag."

이렇게 젠더-중립적으로 they-가 3인칭 단수 대명사로 사용되는 경우, 동사는 단수동사를 쓸 것인가 복수동사를 쓸 것인가? 재귀사는 themself를 쓸 것인가 themselves를 쓸 것인가? Balhorn (2004) 교수의 논문에 의하면, 영어에는 이미 1400년 경부터 단수 they-가 존재해왔고 사용되어 왔다고 한다. 물론 이때의 they-는 'everyone' 같은 소위 전칭 양화사를 지칭하는 대명사가 주요한 용법이었다.

그러다가 1800년경에 이르러, 올바른 영어와 규범을 강조하는 규범문법(prescriptive grammar)이 세력을 얻으면서, 영어에서는 단수의 they가 거의 사라져 왔고, 비문법적인 용례로 간주되었던 것이다.

한국 같은 EFL같은 맥락에서는 더욱이 이런 용례가 허용되지 않았다. 순수주의자들은 이런 용례를 허용하면 안된다는 입장을 주장하고 있지만, 미래에 어떻게 이런 용례가 지속가능한 지는 두고 봐야 할 것이다. 홍성심(2021)은 영어대명사와 재귀대명사에서 역사적으로 인칭, 수, 젠더(person, number, gender) 자질들이 탈락 되어 가는 과정에 관한 연구를 하였다. 이런 자질들은 문법적 자질 혹은 기능적 자질이라고 부르는 파이(phi-features) 자질 들이다.

그러나 이 문제는 they라는 대명사의 분포와 해석에 너무 단순하게 접근한 것으로 보인다. 단수-they에 대해 동사는 단수동사를 쓸 것인가 복수동사를 쓸 것인가? 재귀사 Reflexive를 써야할 때 'themself'를 써야 하나 'themselves'를 써야 하나? 소유격을 쓸 때 their 혹은 theirs를 써야 하는데 이것은 문제가 없는가? 이런 복잡한 문제가 발생하는 것이다. 의미는 단수인데 문법형태는 복수 동사에 맞추자고 하니 EFL 국가에서는 더욱 더 영어가 어지러워진다.

(i) The judge washed himself (그 판사가 남자일 경우)
(ii) The judge left his umbrella at the library

(iii) The doctor washed herself (그 의사가 여자일 경우)
(iv) The doctor left her wallet on the kitchen counter

(v) The professor behaved themself (그 교수가 젠더중립적인 경우?)
(vi) The student took their time on the test and not to rush (그 학생이 젠더중립적일 때)

역시 헷갈린다. 위의 예문에서 속격이거나, 재귀사를 사용해야 하거나, 동사의 수의 일치를 보여야 할 때, 의미는 단수지만 지금까지 3인칭 복수 대명사인 'they'를 젠더중립적이고 단수로 사용한다면 어지럼증을 느낄 것 같다. 필자의 생각으로는, 이런 단수 -they가 글로벌하게 사용되기는 어려울 것이다.

물론 영어에서는 총칭적 양화사 'everyone', 'everybody', 혹은 심지어 'no one, nobody'같은 경우에 EFL문법에서는 단수의 대명사 he/his를 사용해야 하지만, 'they'를 사용하는 경우가 많이 보고되고 있다. (Quirk, et al 1985, Huddleston and Pullum 2002)

(i) Everyone thinks that {he, s/he/} is fastidious
(ii) Everyone thinks that they ___ fastidious.

이 예문의 경우 'he'나 's/he'는 사실 결속된 변항의 의미(bound variable)를 가지기도 하고, 직시적으로(deictic) 해석되기도 한다. 결속된 변항의 의미라면, "for all x, (=∀x, x a person), x thinks that x is fastidious""홍길동은 홍길동 자신이 까탈스럽다고 생각하고, Hamlet은 Hamlet 자신이 까탈스럽다고 생각하며, 홍교수는 홍교수 자신이 까탈스럽다"고 생각한다는 의미이다.

만일, 내포문의 'he'나 'she'를 직시적으로 해석한다면, 홍길동이나, Hamlet이나, 홍교수나, 누구라도, 어떤 특정한 인물 'he' 혹은 'she'를 까탈스럽다고 생각한다는 말이 되는 것이다.

이렇듯 총칭적 양화사 every- 그룹의 단어들의 해석에 대해서, 단순하지 않은 직관이 들어 있는데, 하물며, 만일 아래와 같이 단수-they가 사용된다면, 주어-동사의 일치 (Subject-Verb Agreement)도 붕괴되며, 영어 형태-통사문법의 중대한 혼란이 생길 것으로 보인다.[3]

3 여기서 일치는 영어의 주어가 동사의 시제(tense)와 수(number)에 형태적 영향을 미친다는 말이다.

Everyone thinks that they are fastidious
(=for all x, (=∀x, x a person), x thinks that xthey is fastidious)

위의 경우 'they'는 분명히 단수의 의미를 가지고 있으나, 형태표면상 동사는 복수의 형태를 가지고 있다. 즉, 의미와 형태통사구조의 미스매치가 일어나는 셈이다. 주어-동사일치 현상의 혼란을 초래하는 경우를 고려한다면, EFL 학계에서는 이런 단수-they, 젠더중립적-they는 그다지 단순하게 올해의 단어 선정으로 넘어갈 일이 아니라고 보인다.

언어의 문법도 '보수적 문법'과 '진보적 문법'으로 양분될 수 있다. 보다 보수적인 규범문법을 존중하거나 규범문법의 형식을 선호하는 접근은 보수적 문법이라고 할 수 있다. 한편, 많은 화자들의 선호나, 언어사용 용례가 존재하고, 그런 경향이 일정기간 지속되면 문법기술 자체가 바뀌어야 한다는 것이 기술문법(descriptive grammar)이며, 이는 비교적 진보적 관점의 문법이 된다. 언어를 말하는 화자에 따라 언어기술이 달라져야 한다는 대중적 포퓰리즘은 중요한 기준이 되는데 문제는 그런 경향이 얼마나 지속가능한가에 따라 언어는 변화하고 달라지는 것이며, 달라진 언어를 그에 맞는 어법과 문법으로 기술해야 하

일반적으로 명사 혹은 한정사인 주어가 가지는 자질중 인칭자질(person feature), 수자질(number feature), 성 혹은 젠더 자질(gender feature)를 중요한 3가지 자질로 본다. 이들을 파이자질 [-feature)라고 하며, 이들은 동사의 형태와 굴절에 영향을 미치는 것이 영어 문장의 문법성 판단에 있어서 중요한 근거가 되어 왔다.

물론 중세영어 이후 영어굴절은 매우 미미(meager)해졌으므로, 굴절의 패턴에 따라 규범적(prescriptive)으로 영어를 바라볼 것인가, 아니면, 모국어 화자들이 사용하는 용례와 맥락에 따라 영문법이나 굴절이 바뀔 것인가 하는 기술적(descriptive)인 문법을 수용할 것인가는 별개의 문제일 것이다.

는 것이 기술문법적 관점이 되는 것이고 Chomksy는 그런 의미에서 상대적으로 진보적 성향의 문법을 중요시한 학자인 셈이다.

Chapter 10

미국영어의 철자는 왜 영국영어의 철자와 달라졌나?

노아 웹스터의 스펠링개혁 운동으로부터 미국영어의 스펠링이 달라졌다.

우리는 종종 책을 보면서, 그 책의 저자가 미국학자인지 영국학자인지를 알 수 있는데, 그 이유는 그 책의 철자(orthography)가 영국식 철자법을 따랐는지 미국식 철자법을 따랐는지 보아서 알 수 있는 것이다. 왜 이런 차이가 생긴 것일까?

<사진 2 : CNU 교정에 세워진 홍보용 버스차량의 광고 배너>

위 사진에서, Wifi를 wife로 철자 오타가 눈에 띈다. Wifi는 Wireless Fidelity의 혼성어(blends)이다.

흔히 미국영어(American English, AmE)와 영국영어(British English), BritE)의 발음이나 어휘의 차이는 말할 것 없이 확연하지만, 주로 책이나 문서로 영어를 접할 때 영국영어와 미국영어의 철자상의 차이도 확연하다. 미국영어와 영국영어사이의 철자상의 차이는 노아 웹스터Noah Webster라는 학자의 '철자개혁운동(spelling reform)'의 힘을 입은 바 크다.

웹스터는 당시 영어의 발음과 철자가 서로 일치하지 않아서 학습자들이 당면하는 어려움에 크게 놀랐고, 동시에 영국의 교과서들과 책이 미국의 학교에 널리 퍼져 사용되고 있음에 분개하여, 미국식으로 영어의 철자를 개혁하고자 하였다. 그의 최초의 사전 "A Compendious Dictionary of the English Language"는 저자인 웹스터의 논리적이고도 미학적 비젼을 결합한 결과의 산물이었다.

그는 (i)-ce로 끝나는 단어는 -se로 바꾸었다.(예: defence, offence, pretence ==> defense, offense, pretense) 또, (ii) 과거시제로 바뀔 때, 소리나지 않는 묵음인 두번째 -l을 떼어 버렸으며(예: travelled ==> traveled, cancelled ==> canceled), (iii) -u를 탈락시켰는다.(예: humour ==> humor, neighbour ==> neighbor, colour ==> color, honour ==> honor). 그리고 (iv) '-k'를 탈락시켜서 publick ==〉 public, musick ==〉 music으로 단순화 하기에 이르렀다.

그의 이러한 철자개혁 운동에 대해서 대중들은 즉각적으로 받아들인 것들도 있고, 즉각 거부한 철자들도 있었는데, 1806년에 웹스터의 첫 사전 "A Compendious Dictionary of the English Language"는 그의 철자개혁 운동에 대한 소신과 철학을 담고 있었다. 1828년에 "An American Dictionary of the English"가 출판되었다.

북미지역의 영어국가로 인정되는 캐나다는 내부 써클(Inner Circle English) 영어권 국가이지만, 흥미롭게도 영연방의 한 국가로서, 영국 영어의 영향을 많이 간직하고 있다. 따라서, 캐나다 영어(Canadian English, CanE)는 지리적 위치와 더불어 여러 가지 이유로, 발음은 미국영어와 비슷하지만 스펠링은 영국의 철자를 따른다. 미국영어, 영국영어, 캐나다 영어 간의 어휘적 차이는 확연히 다르지만, 통사문법적 차이는 아무래도 미미한 편인데, 사회언어학적으로 이에 대한 연구도 주목을 받는 편이다.

Chapter 11

영어의 발음은 철자와 무관?

철자는 발음과 일치하지 않는 경우가 많은데, 가상의 단어 'ghoti'는 'fish'로 발음될 수있을 지경이다!

영어발음과 철자가 서로 불일치 함을 지적할 때 가장 많이 언급되는 단어는 실제로는 영어에 존재하지 않는 "Ghoti"라는 단어이다. 따라서, 이 단어를 [fiʃ] 라고 발음할 수 있는 것은, 영어에는 gh가 /f/로 발음되는 단어들이 많이 있기 때문이다. 예를 들면, enough, tough, laugh등의 gh가 모두 /f/로 발음되기 때문이다. 한편 o는 women의 o가 /i/로 발음된다 따라서, women은 [wɪmɪn] 으로 발음되기 때문이며, ti는 mention, patient, spatial, nation 처럼 [ʃ] 로 발음되는 경우를 따온 것이다. 따라서, 이 셋을 합하면, ghoti는 fish와 발음이 같을 수 있다.

이렇게 영어의 철자와 발음은 불일치를 보인다는 점은 EFL학습자들에게는 극복하기 힘든 난제가 되는 셈이다. 스펠링을 보고 발음을 추정할 수 없는 경우가 너무 많기 때문인데, 여기에 강세까지 합해지면,

더욱 어렵기 때문이다.[1]

고릴라(gorilla)와 게릴라(guerrilla)는 발음이 동일하나, 스펠링이 다르고, 한국사람들은 이를 다르게 발음한다. 고릴라는 원숭이와 가까운 동물의 이름이고, 게릴라는 민병대 혹은 특수군 계통의 군부대 요원을 이르는 말이다.

bier(관, 관받침대) vs beer(맥주)는 발음이 동일하나, bier는 관, 혹은 관받침대를 가리키고, beer는 맥주이다. 상황에 따라 두 단어를 듣기만 한다면 혼동할 수 있다는 이야기인데, 흥미로운 점은 독일어의 맥주는 bier라고 쓴다. 따라서, Bier House 라는 상호를 가진 내가 알던 어떤 맥주집은 독일인 손님에게는 맥주집일 수 있으나, 독일어를 모르는 영어권 화자에게는 관을 파는 집으로 오해받을 소지도 없지 않다.[2]

다음 글은 인터넷에서 퍼온 글로 homograph (동철자어, 발음 다름)들이 모여있는 예문들이다. 발음에 주의하면서 읽어보면 재미있다. / /안에 문제가 되는 단어의 발음표기가 있다.

1 *gh*, pronounced /f/ as in *enough* /ɪ'nʌf/ or *tough* /t f/; o, pronounced /ɪ/ as in *women* / wɪmɪn/; ti, pronounced /ʃ/ as in *nation* / neɪʃən/ or *motion* / moʊʃən/

2 영미어권에서 관을 살 수 있는 곳은 일반적으로 Funeral Home/Funeral House (장례식장)이다.

·I live in the north of England. /liv/

·Your favorite rock group is singing live on TV tonight. /laiv/

·I read in bed each night. /ri:d/

·I read War and Peach last year. /red/

·The lead singer in the group is superb. /li:d/

·Lead pipes are detrimental to everyone; it is environmentally unsafe. /led/

·The wind blew the tree down. /wind/

·Wind the rope around this tree. /waind/

·I wound my watch last night. /waund/

·The veteran fireman suffered a terrible wound in the line of duty. /wu:nd/

·Some students at Oxford spend more time learning to row well than studying. /r.u/

·They shared a flat for ages until they had a row over money and split up. /rau/

·They stood in a row and had their photo taken. /r.u/

·This book is called *English Vocabulary in Use*. /ju:s/

·You must know how to use words as well as their meanings. /ju:z/

·They lived in a large old house. /haus/

·The buildings house a library and two concert halls as well as a theater. /hauz/

·The sow has five piglets. /sau/

·The farmers sow the seeds in the spring. /s.u/

● 한국사람들은 왜 영어의 j를 y처럼 발음할까?

한국사람들은 J가 들어간 단어를 한국어로 말할 때, J로 읽지 않고, Y로 발음한다. 따라서, Jerusalem의 영어발음은 '져루살렘'에 가깝지만, '예루살렘'이라고 말하고, Hollywood 유명 배우 Scarlett Johansson

을 한국말로 할 때, '스칼렛 죠한슨'이라고 하지 않고, '스칼렛 요한슨'이라고 말한다. 또, 남아공 최대도시 Johanessburg는 '죠하네스버그'로 발음할 것을 '요하네스버그'로, Jesus Christ의 Jesus는 '예수'가 되고, Jordan이란 나라는 '죠르단'이 아니고 '요르단'이라고 말하는 것이다.

왜 그런 것일까? 저술가이자 강연자인 데이빗 위텐버그(David Wittenburg)에 의하면, 사람들이 몇몇 경우 영어의 J를Y처럼 발음하는 이유는 이 단어들이 J가 영어의Y처럼 발음되는 언어에서 유래한 단어들이기 때문이다. 영어의 발음(음성기호)에 맞추어 스펠링을 바꾸기 보다는 스펠링은 원래 유래한 언어의 철자를 유지하되, 발음은 영어식으로 한 것이다. 독일어가 바로 그러한 언어인데, 독일어의 J발음이 영어 음소 Y와 같으므로, 철자는 J이지만 발음은 Y로 하는 것이다.

비슷한 맥락에서, 한국사람들은 'g'(=d) 발음을 할 때, 유입당시 언어의 단어 발음을 고수하는 것 같다. 따라서, oxygen(옥시젼)을 '옥시겐'으로 발음하거나, genome(지놈)을 '게놈' 으로, allergy(알러지)를 '알레르기'로 발음하는 것도 영어학의 관점에서는 흥미롭다.

Chapter 12

인공지능 영어교사는 언제쯤?

영어교사를 대체할 인공지능(AI)은 생각보다 가까이 있을지도 모른다.

우리는 최근 들어 심심치 않게, 언론에 등장하는 인공지능(AI) 영어교사 이야기를 듣는다. 2020년 동아사이언스 이현경 기자의 신문에 등장하는 AI펭톡은 한국전자통신연구원(ETRI)에서 개발한 인공지능 영어학습 애플리케이션(앱)이다. 한국의 영어교육에 대한 열망과 사교육에 들이는 어마어마한 사교육비 삭감 차원에서 10,000명 이상의 음성 데이터를 학습시켰다고 한다.

따라서, 영어교사 대신, 스마트폰이나 태블릿 PC를 따라하며, 영어 공부를 할 수 있도록 했으며, 이 앱은 2021년 교육부가 전국 초등학교에 배포할 예정이라고 한다. 그야말로 학습자의 역량에 따라서는 영어교사를 대체할 수도 있다.

ATM 기기가 수많은 은행원을 대체해서 이제 무인은행의 시대에 가

까와 지고 있는 한편, 이제는 화폐자체가 가상 화폐로 가고 있다. 플라스틱의 신용카드도 이젠 스마트폰이나 PC속에 삽재되어 있으며, 코로나 시대의 코비드-19로 인해 이러한 전통적 방식은 붕괴되어 가고 있다. 아무리 바꾸려고 해도 바뀌지 않던 상조문화, 예식문화도 이제는 많이 달라지고 있음을 보면 알 수있다. 많은 Sci-fi영화에서 보면 전통적 의미의 종이돈 등은 사라지고, '코드'나 '타임' 등 비전통적 화폐로 가고 있다.

기존의 속기사(short hand)나 녹음파일을 재생해서 회의록으로 작성하던 직업도 이젠 필요하지 않을 것 같다. 음성파일을 자동적으로 변환해주는 일도 ETRI가 2019년에 서울시와 함께 시범적으로 적용하고 진행했다고 하는데, 많은 회의의 회의록 작성이 사람들이 하려고 할 때 몹시 괴로운 일일 수 있기 때문이다. 인간의 삶의 질을 높여줄 수 있다는 말이기도 하다.

현재 수많은 구글(음성)번역기는 약 45개 정도의 플랫폼을 가지고 운영되고 있는데, 세계적으로 가장 널리 알려지고 선진한 구글번역기의 음성인식 정확도는 한국어에 관한 한 ETRI의 AI펭톡보다는 못하다고 알려져 있다.

이와 관련된 흥미로운 스토리 하나 소개한다. 1999년 Ray Jackendoff는 LSA에, 아무리 컴퓨터가 발달해도 인간이 가지는 언어(영어)능력을 (아직은) 따라가기 힘들다는 요지의 논문을 발표하였다. 그는 이 논문에서 취급한 사례들은 서법조동사인 will과 '유언' '의지' 등의 의미가 있는 일반명사 'will'이다. 조동사일 때의 will의 뒤에서 read는 현재형 [ri:d]로 발음이 되고, 완료 조동사인 have와 쓰이면 동사 read는 완료형 [red]로 발음된다. 이런 사소한 지식은 영어모국어 화자라면, 쉽사리 습득하지만, 구글기계번역기는 여전히 [ri:d]와 [red]의 음성 발음 출력에 있어 오류를 일으킨다. 해당 예문들은 아래와 같다.

Have the students read the article

위 예문은 어조나 구두점 등이 부재할 경우,

(i) Have the students read[red] the article? (완료의문문)

(=그 학생들은 그 기사를 읽었나요?)

(ii) Have the students read [ri:d] the article. (사역명령문)

(=그 학생들로 하여금 그 기사를 읽게 하시오)

필자는 실제로 구글번역기를 구동하여 테스트했고 이에 대한 논문을 발표하였다. 물론 이러한 연구의 결과들은 시간이 지나면서 입력 자료가 빅데이터가 되면 충분히 극복될 것이다. 흥미로운 점은 이 Jackendoff 교수의 논문이 20여년 전인 1999년에 발표되었지만 여전히 미국언어학회의 아카이브에 걸려있다는 점이었다.

한편, 구글기계번역기는 음성출력 부분과 의미출력부분이 서로 통로로 연관지어져 있지 않아 보였다. 그 이유는, 음성출력에서 오류를 냈던 예문들에 대해서, 의미는 정확하게 출력했기 때문이다. 변형생성문법학자인 Chomsky교수의 문법틀은 대체로 통사부의 출력 통사체가 의미부(LF, Logical Form)로도 입력되고 동시에 음성부(PF, Phonetic Form)로도 입력되는데, 구글번역기는 Chomsky의 문법틀과 다른 조직(architecture)을 가지고 있다고 해야 할 것 같다.

따라서, Have the students read the book이라는 예문은 다음과 같은 두 가지 구조가 가능하다.

(1) Have the students read the book! "HAVE-사역명령문으로 " 학생들로 하여금 그 책을 읽게 하십시요"라는 사역명령문으로 [the students]가 사역동사 have의 목적어이고, 동사의 원형인 [read]가 온 셈이다. 따라서, 구글음성번역기에 이 문장을 써넣으면, read를 동사의 원형인 [ri:d]로 발음한다.

한편, (2) Have the students read the book?는 완료의문문으로 "그 학생들은 그 책을 읽었습니까?라고 해석하고, 완료형의 조동사 have가 의문문이 되어 문장의 앞으로 전치되어 간 완료의문문이다. 따라서, 분사형(Participle)의 동사 read는 [red]로 발음해야 한다.

그럼에도 불구하고, 2020년 기준 100여 개 이상의 언어를 발음과 해석 모두 번역/출력하는 구글 번역기가 이런 경우 read를 [red]로 발음하지 못하고 [ri:d]로 오류발음을 출력했다는 사실은 주목할 만하다.

흥미로운 점은 의미해석은 오류가 없었는데, 아마 표면상의 동일해 보이는 이 문장이 두 가지 구조적 중의성이 있다는 점, 그리고, read 라는 동사는 철자가 동일한데, 구조에 따라 완료형 [red]과 원형 [ri:d]의 발음이 달라진다는 점이 구글기계음성번역기 (Google Neural Machine Translate, 혹은 GT)를 헷갈리게 하는 것이라고 홍성심(2020, 2021)이 발표하였다.

한편, ETRI는 음성인식 AI 기술을 회의록 작성에도 적용했다. 말하는 사람의 음성을 인식한 뒤 이를 글자로 자동 변환하는 것이다. ETRI는 지난해 서울시와 AI 회의록 자동변환 사업을 시범 진행해 좋은 평가를 받았고, 올해 초부터 본격적으로 서비스를 시작했다. 서울시에 이어 전국 시도의회와 교육지원청 100여 곳에도 AI 회의록 자동변환 서비스가 도입됐다.

이는 2015년 개발한 음성인식 엔진 기술이 토대가 됐다. 은행, 증권, 카드사 등은 콜센터를 운영하며 고객의 음성 데이터를 쌓고, 이를 분석해 고객의 요구를 파악하는 등 경영에 반영한다. 당시 음성 데이터 분석 기술은 미국과 이스라엘이 주도하고 있었는데, 한국어는 한자어, 공경어, 어미의 불예측성 등 한국어를 인식하는데 한계가 있었고 해외 개인정보 유출 등 보안도 문제가 됐다. ETRI는 자연어 음성인식 소프트웨어를 개발해 이런 문제를 해결했다. 향후 10년 내 스스로 언어종류를 인식하는 다국어 자동통역이나 드론이 지상의 목소리를 인지하는 수준까지 음성을 인식하는 AI가 발전할 것이라고

예상했다.[1]

구글트랜스레이트(GT)나 파파고 등 통번역기는 이미 상당한 수준에 올라 있다. 결국, '영어'를 가지고 어떤 작업을 수행할 것인가에 따라 'AI 영어교사'는 이미 우리 곁에 와 있다고 할 수 있겠다.

1 이현경 (2020). 동아사이언스 기사

Part III

한류(K-waves)의 영어화

Chapter 13

대한민국의 영어성적표?

전세계 경제규모 10위권 '선진국'인 우리나라 영어성적은 전 세계 30위권이다.

강현숙(2012)교수의 연구에 의하면, 우리나라는 영어교육에 쏟아붓는 사교육비가 어마어마하게 많은 국가 중 하나이다. 조기 어학연수부터 영어권 국가로 유학을 가서 '기러기 아빠'라는 웃픈 이야기도 만들어낸 나라이기도 하다. 지금은 조기유학열풍도 많이 가라앉고, 기러기 아빠, 독수리 아빠 등의 신조어도 양산하던 시기는 아니지만, 우리나라 국민 전체가 영어교육에 쏟는 정성은 "English fever(영어열풍, 광풍)이라고 종종 언급되어 왔다.

EPI같은 기관에서는 영어성적과 국가의 경제나 발전규모가 정비례한다고 말하기도 하는데, 우리나라의 영어성적은 EPI(2019) 발표에 의하면 2019년 100개 국가 중에서 37등 정도를 하고 있다. 만일 우리나라의 경제규모를 11-13위의 규모로 인정한다면, 영어성적은 그에 턱없이 못 미치는 셈이다.

얼마 전 미국과 핵심 영어권 국가를 적대시해 온 북한의 영어성적이, 그 많은 돈을 영어교육에 쏟아 붓는 우리와 그다지 차이가 없다는 신문기사는 웬지 이상하게 느껴진다.

아래 표는 미국기반 전세계에 EFL/ESL로서의 영어교육프로그램을 제공하고 있는 글로벌 교육기업, Education First(EF : http://www.ef.com/wwen-Global Site)社는 해마다 전세계 국가들의 영어능숙도 지표(English Proficiency Index, EPI)를 발표하는데, EF社가 발표한 2019년도와 2020년도의 한국의 영어성적표를 다른 국가들과 비교하여 살펴보자. [1]

● EPI 2019: 세계 100개국가의 영어성적 등수

<표 6 : 영어성적이 '매우 우수'한 상위 1-14위 국가-2019>

Very High Proficiency		
01	**Netherlands (네덜란드)**	70.27
02	**Sweden (스웨덴)**	68.74
03	**Norway (노르웨이)**	67.93
04	**Denmark (덴마크)**	67.87
05	**Singapore (싱가폴)**	66.82
06	South Africa (남아공)	65.38
07	Finland (핀란드)	65.34
08	Austria (오스트리아)	64.11
09	Luxembourg (룩셈부르크)	64.03

1 주목할 점은 epi.com에서 실시한 이 영어시험은 생성적 기능(production skills: Speaking and Writing)을 제외하고, receptive skills(수용적 기능): Listening comprehension-Reading comprehension, 듣기와 말하기)만을 테스트하였으며, 전 세계의 약 230만명을 대상으로 온라인상 테스트하였다. 따라서, 영어의 4가지 기능을 다 테스트한 것은 아니다.

10	Germany (독일)	63.77
11	Poland (폴란드)	63.76
12	Portugal (포르투갈)	63.14
13	Belgium (벨지움)[2]	63.09
14	Croatia (크로에이샤)	63.07

<표 7 : 영어성적이 '우수'한 상위 15-29위 국가-2019>

High Proficiency		
15	Hungary (헝가리)	61.86
16	Romania (로마니아)	61.36
17	Serbia (세르비아)	61.30
18	Kenya (케냐)	60.51
19	Switzerland (스위스)	60.23
20	Philippines (필리핀)	60.14
21	Lithuania (리튜아니아)	60.11
22	Greece (그리스)	59.87
23	Czech Republic (체크공화국)	59.30
24	Bulgaria (불가리아)	58.97
25	Slovakia (슬로바키아)	58.82
26	Malaysia (말레이지아)	58.55
27	Argentina (아르젠티나)	58.38
28	Estonia (에스토니아)	58.29
29	Nigeria (나이제리아)	58.26

2 국가이름의 영어발음에 맞추어 필기하였다. 예를 들면 우리는 '벨기에'라고 말하지만, 영어 발음으로는 '벨지움'에 가깝다.

<표 8 : 영어성적이 '보통 이상'인 상위 15-29위 국가-2019>

Moderate Proficiency		
30	Costa Rica (코스타리카)	57.38
31	France (프랑스)	57.25
32	Latvia	55.85
33	Hong Kong, China (홍콩, 중국)	55.63
34	India (인디아)	55.49
35	Spain (스페인)	55.46
36	Italy (이탈리아)	55.31
37	**South Korea (대한민국)**	55.04
38	Taiwan, China (대만, 중국)	54.18
39	Uruguay (우루구와이)	54.08
40	**China (중국)**	53.44
41	Macau, China	53.34
42	Chile (칠레)	52.89
43	Cuba (큐바)	52.70
44	Dominican Republic (도미니칸공화국)	52.58
45	Paraguay	52.51
46	Guatemala	52.50

<표 9 : 영어성적이 '미흡'한 47-69위 국가 - 2019>

Low Proficiency (미흡)		
47	Belarus (벨라루스)	52.39
48	Russia (러시아)	52.14
49	Ukraine (유크레인)	52.13
50	Albania (알바니아)	51.99
51	Bolivia (볼리비아)	51.64
52	Vietnam (베트남)	51.57
53	**Japan (일본)**	51.51
54	Pakistan (파키스탄)	51.41
55	Bahrain (바레인)	50.92
56	Georgia (죠지아)	50.62
57	Honduras (혼두라스)	50.53.
58	Peru (페루)	50.22
59	Brazil (브라질)	50.10
60	El Salvador (엘살바도르)	50.09
61	Indonesia (인도네시아)	50.06
62	Nicaragua (니카라구아)	49.89
63	Ethiopia (에티오피아)	49.64
64	Panama (파나마)	49.60
65	Tunisia (튜니지아)	49.04
66	Nepal (네팔)	49.00
67	Mexico (멕시코)	48.99
68	Columbia (콜롬비아)	48.75
69	Iran (이란)	48.69

<표 10 : 영어성적이 '매우미흡' 한 70-100위 국가- 2019>

Very Low Proficiency(매우 미흡)		
70	United Arab Emirates (아랍에미레이트)	48.19
71	Bangladesh (방글라데쉬)	48.11
72	Maldives (몰디브)	48.02
73	Venezuela (베네주엘라)	47.81
74	Thailand (태국)	47.61
75	Jordan (요르단)	47.21
76	Morocco (모로코)	47.19
77	Egypt (이집트)	47.11
78	Sri Lanka (스리랑카)	47.10
79	Turkey (터키)	46.81
80	Qatar (카타르)	46.79
81	Ecuador (에콰도르)	46.57
82	Syria (시리아)	46.36
83	Cameroon (카메룬)	46.28
84	Kuwait (쿠웨이트)	46.22
85	Azerbaijan (아제르바이잔)	46.13
86	Myanmar (미안마)	46.00
87	Sudan (수단)	45.94
88	Mongolia (몽골)	45.56
89	Afghanistan (아프가니스탄)	45.36
90	Algeria (알제리아)	45.28
91	Angola (앙골라)	44.54
92	Oman (오만)	44.39
93	Kazakhstan (카자크스탄)	43.83
94	Cambodia (캄보디아)	43.78
95	Uzbekistan (우즈베키스탄)	43.18

96	Ivory Coast (아이보리코스트)	42.41
97	Iraq (이라크)	42.39
98	Saudi Arabia (사우디아라비아)	41.60
99	Kyrgyzstan (키르기스탄)	41.51
100	Libya (리비아)	40.87

이상은, EF社가 발표한 2019년도 100개 국가 영어 성적이다.

한편, EF社의 2020년 발표자료는 아래와 같다.

● EPI 2020: 세계 100개국가의 영어성적 등수

<표 11 : 영어성적이 '매우 우수'한 상위 1-12위 국가-2020>

Very High Proficiency		
01	**Netherlands (네덜란드)**	652
02	**Denmark (덴마크)**	651
03	**Finland (핀란드)**	631
04	**Sweden (스웨덴)**	625
05	**Norway (노르웨이)**	624
06	Austria (오스트리아)	623
07	Portugal (포르투갈)	618
08	Germany (독일)	616
09	Belgium (벨지움)[3]	612
10	Singapore(싱가폴)	611
11	Luxembourg (룩셈부르크)	610
12	South Africa (남아공)	607

2020년도에도 네덜란드는 역시 1위를 지켰다. 그러나 2019년도와 약간의 순위변동을 보이는데, 싱가폴은 2019년도 전세계 5위의 영어 성적표를 받았으나, 2020년도에 10위로 내려 앉았다.

실제로 영어를 공용어로 사용하고자 했던 싱가폴의 국부 리콴유는 살아 생전 '영어 공용어 정책이 실패한 정책이었다'라고 언급한 적이 있었는데, 그것은 싱가폴의 인구 구성상 중국계가 다수를 차지하면서, 중국어와 영어가 혼용되는 기이한 현상이 벌어졌기 때문이라고 보인다.

싱가폴을 방문해보면, 대부분이 소위 말하는 Singlish(Singaporean English)를 사용하면서, 영어의 모국어 화자가 아니면 알아듣기 힘든 독특한 싱가폴영어가 사용되고 있다. 다만, 싱가폴의 많은 주요대학들의 수업은 영어를 매개로 하고 있어[4],대학생 이상의 성인 영어교육은 성공적으로 보인다. 다음은 상위 30% 정도의 성적을 유지한 국가들이다.

<표 12 : 영어성적이 '우수'한 상위 13-29위 국가-2020>

High Proficiency		
13	Croatia (크로아티아)	599
14	Hungary (헝가리)	598
15	Serbia (세르비아)	597

3 국가이름의 영어발음에 맞추어 필기하였다. 예를 들면 우리는 '벨기에'라고 말하지만, 영어발음으로는 '벨지움'에 가깝다.

4 영어전용강의 (English as a medium of instruction)의 개념이다.

16	Poland (폴란드)	596
17	Romania (로메니아)	589
18	Switzerland (스위스)	588
19	Czech Republic (체크공화국)	580
20	Bulgaria (불가리아)	579
21	Greece (그리스)	578
22	Kenya (케냐)	577
22	Slovakia (슬로바키아)	577
24	Lithuania (리튜아니아)	570
25	Argentina (아르젠티나)2	566
25	Estonia (에스토니아)	566
27	Philippines (필리핀)	562
28	France (프랑스)	559
29	Latvia (라트비아)	555

2019년에 비교대상이 되는 프랑스는 32위였지만, 앞장에서 언급하였듯이, 모국어에 대한 자부심이 대단한 프랑스의 젊은이들도 영어 공부를 소홀히 하지 않는다. 위 표는 이를 보여주는 자료가 될 수도 있겠다.

<표 13 : 영어성적이 '보통이상'인 상위 30-47위 국가-2020>

Moderate Proficiency		
30	Italy (이탈리아)Costa Rica (코스타리카)	547
30	Malaysia (말레지아)	547
32	**South Korea (대한민국)**	545
33	Hong Kong, China (홍콩, 중국)	542

34	Nigeria(나이제리아)	537
34	Spain (스페인)	537
36	Costa Rica (코스타리카)	530
37	Chile (칠레)	523
38	**China (중국)**	520
39	Paraguay (파라과이)	517
40	Belarus (벨라루스)	513
41	Cuba (큐바)	512
41	Russia (러시아)	512
43	Albania (알바니아)	511
44	Ukraine (유크레인)	506
45	Macau, China (마카오, 차이나)	505
46	Bolivia (볼리비아)	504
47	Georgia (죠지아)	503

<표 14 : 영어성적이 '미흡'한 48-74위국가 - 2020>

	Low Proficiency (미흡)	점수
48	Dominican Republic (도미니칸 공화국)	499
49	Honduras (혼두라스)	498
50	India (인도)	496
51	Armenia (아르메니아)	494
51	Uruguay (우루과이)	494
53	Brazil (브라질)	490
54	Tunisia (튜니지아)	489
55	Japan (일본)	487
56	El Salvador (엘살바도르)	483
56	Iran (이란)	483

56	Panama (파나마)	483
59	Peru (페루)	482
60	Nepal (네팔)	480
61	Pakistan (파키스탄)	478
62	Ethiopia (에티오피아)	477
63	Bangladesh (방글라데시)	476
63	Guatemala (과테말라)	476
65	Vietnam (베트남)	473
66	United Arab Emirates (아랍에미레이트공화국)	472
67	Venezuela (베네주엘라)	471
68	Sri Lanka (스리랑카)	466
69	Turkey (터어키)	465
70	Kuwait (쿠웨이트)	461
71	Qatar (카타르)	459
72	Jordan (조르단)	456
73	Nicaragua (니카라구아)	455
74	Bahrain (바레인)	453
74	Indonesia (인도네시아)	453
74	Morocco (모로코)	453

<표 15 : 영어성적이 '매우 미흡'한 77-88위 국가 - 2020>

	Very Low Proficiency (매우 미흡)	점수
77	Colombia (콜롬비아)	448
78	Mongolia (몽골리아)	446
79	Afghanistan (아프가니스탄)	445
80	Angola (앙골라)	444
81	Algeria (알제리아)	442

82	Mexico (멕시코)	440
83	Egypt (이집트)	437
84	Cambodia (캄보디아)	435
85	Sudan (수단)	434
86	Azerbaijan (아제르바이젠)	432
87	Syria (시리아)	431
88	Uzbekistan (우즈베키스탄)	430

2020년도에 대한민국의 영어성적은 약간 상승하였음을 확인할 수 있다. 한편, 세계 100여개 국가에서 '매우 미흡'한 영어성적을 받아 든 나라는 총 12개 국이다. 흥미로운 점은 몽골은 한때 러시아어와 중국어를 제1외국어로 채택했던 국가였으므로, 영어교육의 전통이 비교적 빈약하고 그 인프라도 빈약해 보인다.

반면, 멕시코는 미국과 인접한 국가로, 미국과의 빈번한 왕래와 통상을 통해 영어성적이 미흡하다는 것이 예상 밖이라고 말할 수 있겠다. 이 예상치 못한 결과는 스페인어를 사용하는 미국인이 특히 국경지역 등에 많이 분포되어 있으므로, 영어 없이 일상생활을 할 수 있다는 점에 기인하는 것으로 보인다.

우리나라의 영어성적은, 적어도 EPI-기준에 의하면, 2019년도 37위에서 32위로 5계단 정도 상승하였다. 물론, 이런 성적은 상대적인 평가이며, 말하기-쓰기 등의 생성적 기술은 평가에서 제외되었다는 한계가 있는 평가이다. 다만, 우리나라 국민이나 학부형들이 영어에 쏟아붓는 사교육비의 엄청난 양에 비하면, 가성비가 좀 떨어지는 성적이라고 말할 수 있다.

또한, 전 세계 10위권 내외의 우리나라 경제규모에 비하면 영어성적은 역시 아직 갈 길이 멀어 보인다. 이러한 지적과 주장의 뒤에는 '언어'라는 것이 국력과 밀접한 관계에 있는 정치적 산물이라는 점을 강하게 함축하고 있다.

이에 비해서, 한-중-일의 영어성적표를 비교해 보자면, 중국은 EPI-기반 영어 성적에 관한 한 시간이 조금 더 걸릴 것 같다. 흥미로운 경우는 일본의 경우인데, 산업화나 경제수준으로 단연 아시아권 최고수준의 국가로, 한 때 영어를 공용어로 하자고 했던 시기가 있었던 나라 치고, 그다지 영어성적표가 우수하지 못한 것은 사실인 것 같다. 2019년에 53위에서 55위로 약간 내려간 성적표를 2020년도 EPI가 보여주고 있다.

한-중-일을 비교하자면, 일본이 가장 영어성적이 저조한 편이므로, 일본의 영어교육에 대한 심도 있는 연구가 필요할 것 같다. 왜냐하면, 일본어와 한국어의 어순이 비슷하여, 그 통사구조가 많이 유사하므로, 한국에서 EFL영어교육이 일본의 EFL영어교육과 서로 공유하고 배울 점들이 있다고 보이기 때문이다.[5]

5 필자의 논문 (2018) 미래영어영문학회 논문에서 이유를 나타내는 BECAUSE-절에 관한 한-중-일 대학생들의 글쓰기 오류분석에서 중국학생들은 그런 경향을 보이지 않았지만, 한국과 일본학생들은

● "English pays off! & Trust me, I speak English.

위에서 설명했던 세계 100여 국의 영어 성적표 이외에도, EF社(2020)의 자료에 의하면, 100개의 국가 230만명이 시험을 쳤다. 이중에는 유럽의 33개국, 아시아의 25개국, 라틴아메리카 19개국, 중동 10개국, 아프리카 13개국이었다. 시험 응시자 중 여성이 59%, 남성이 41%였으며, 응시자의 90%가 40세 이하였고, 평균연령은 23세였다. 남성과 여성중 어떤 젠더가 더 영어성적이 좋은가에 대해서는 큰 차이를 보이지 않았다고 보고하였다. 흥미로운 점은 중동지역에서는 남성의 영어성적이 유의미하게 여성의 영어성적보다 높았지만(46.00 vs. 43.20), 전세계를 다 비교하면, 여성의 영어성적이 (53.23) 남성의 영어성적보다 (53.03) 미미한 수준의 차이에 그쳤다.

또한, Trust me, I speak English! (절 믿어주세요. 저 영어 합니다!) 혹은 "English pays off"(영어 잘하면 반드시 댓가가 있죠) 처럼, 영어를 할 줄 아는 근로자는 더 높은 임금과 승진의 기회가 많았으며, 글로벌 위상도 높았음을 보여준다. EPI 자료는 영어를 잘하는 국가나 집단이 사회경제적으로 '성공'하는 집단이라는 점을 보여준다.

최근 신문기사에 의하면, 북한의 영어공인 성적이 남한의 영어공인 성적과 비슷하다고 해서, 놀라움을 금치 못하고 있다. 남북한의 경제

---

because-절을 독립적인 단일문으로 많이 사용하는 공통적 오류를 보였다는 점이 흥미롭다.

규모를 비교하고, 남한에서 사교육비로 영어교육에 쏟아붓는 돈을 생각하면, 엄청난 차이를 기대했었지만, 실은 비슷하다는 기사가 흥미로웠다. 다음은 그 기사의 내용을 소개한다.

지난 2020년 7월 2일자 아시아 경제지에 게재된 김경필 기자의 기사에 의하면,[6] “남북한의 영어점수는 같다.” 북한의 김정은 국무위원장은 집권이후 영어교육을 강화했다는 점을 지적하였다. 과학기술인재 양성을 위해 영어가 생존필수적임을 강조한 것이다. 이 기사는 미국의 자유아시아방송(RFA)과 공식영어 시험기관 미국 ETS(English Testing Service)의 발표를 인용하였다. 읽기, 쓰기, 듣기, 말하기 4가지 기능을 모두 평가하여 각 기능당 30점씩 총 120만점의 토플(Test of English as a Foreign Language, TOEFL)시험은 2010년 이후 10년간의 자료를 분석하여, 남북한이 점수가 동일한 수준에 도달했음을 밝혔다.

다만, 북한에는 토플시험을 대행하는 대행사가 없다. 따라서 중국이나 일본에서 토플시험을 치렀을 북한 국적자의 성적이 반영되었는데, 지난 10년간 2010-2015년까지 남한이 북한보다 토플 점수가 높았으나, 2020년에 동점이 된 것이다. 이 기간 북한에서는 영어교육을 강화하였다는 점이 인정된다.

물론, 토플점수가 영어능력을 100퍼센트 반영하는가에 대한 다양한

6 https://www.asiae.co.kr/article/2020070207303657350

의견이 있을 수 있으나, 반미를 외치던 북한의 영어점수가 그토록 많은 돈을 영어 사교육비로 쏟아 붇는 한국과 동점이라니… 북한조차 영어 교육에서 잘하고 있는 것을 보니 영어는 링구아 프랑카가 틀림없다.

<그림 11 : 남북한의 토플(TOEFL)성적 변화추이: 출처 아시아경제지 2020.7.2.>

北, 78점→80점→83점
南, 81점→83점→83점
김정은 집권 이후 영어교육 강화

Chapter 14

영어로 표현되는 한류?

고추장(gochujang), 먹방(Mukbang), 꼰대(kkondae), 오빠(oppa), 김치담그다(to kimchi) 등 점차 친족어와 한국적인 문화-문물을 표현하는 영어단어가 늘고 있다!

영어권 문화에 존재하기 힘든, 또는 잘 알려지지 않은 가장 한국적인 문물, 상황이나 문화 현상 등은 자연히 한국어를 영어로 전자(轉字, transliterate) 혹은 로마자화(romanize)한 단어들로 나타난다. 이미 이러한 현상은 한류(K-Waves)로 나타나기 시작하였으며, 김치, 태권도, 온돌 등의 한국문물이나 음식 등을 넘어서 한복, 눈치, 꼰대 등의 단어가 영어사전에 탑재되기 시작했다는 점에서 한류의 글로벌화를 실감 할 수 있다.

최근 한국영화 '미나리'를 'Minari'라고 로만 알파벳으로 로마자화하고 이를 영화의 제목으로 둔 것은 참으로 독창적이고도 이국적 느낌을 주게 하는 결정이었으며, 마침 전 세계적으로 주목받고 많은 상을 받았기도 했으니, 퍽 좋은 제목이었음을 알 수 있다. 이 영화의 제목을 미나리의 의미에 맞는 식물/채소의 영어이름으로 "Water Parsley"

"Water Celery" 혹은 심지어 "Korean Parsley"라고 했다면, 이 영화가 서구에 던진 임팩트는 덜했을지도 모른다.[1]

또한, Nguyen(2018) 등의 연구에 의하면, 이중언어를 사용하는 커뮤니티에서는 친족어(kinship words)는 특별히 더욱 본래의 언어를 유지하는 경향이 많다고 한다. 따라서, '오빠'는 'older brother'로 사용되는 경우보다 'Oppa'로 '아빠'는 'Appa'로 '엄마'는 'Umma'로 영문자화되어 부호전환된 단어가 사용되는 것이다. 또, '할머니'는 영화 미나리(Minari) 덕분에 'Halmoni'가 되었다.

한국친족어가 영어로 옮겨질 때, 영어어휘로 대체되는 것이 아니라, 한국어휘가 다른 영어어휘로 바뀌지 않고, 있는 그대로 로마자화 되는 것은, 두 언어(한국어 -영어) 사이의 의미나 화용적 상황의 차이가 커서 일 뿐만 아니라, 한류의 영향력이 커졌거나 커지고 있기 때문일 것이다.

이처럼 한국언어문화가 글로벌화를 통해서 영어로 표현되는 한류가 매우 늘어나고 있는 가운데, 가장 한국적인 것들이 영어로 살아남

1 전자 (transliteration)과 로마자화(Romanization)
Transliteration은 한 언어의 문자나 단어 등을 다른 언어의 알파벳으로 표시하는 것, 한편 로마자화(영문자화)는 텍스트를 전자(transliteration)와 전사(transcription)를 통해 라틴알파벳 (영문자)로 표시하는 일:
".... is that transliteration is (linguistics|translation studies) the act or product of transliterating, or of representing letters or words in the characters of another alphabet or script while romanization is the act or process of putting text into the latin (roman) alphabet, by means such as transliteration and transcription."

는 어휘들이 많다. 이미 언급된 소주(sojoo), 한복(hanbok), 김치(kimchi), 태권도(taekwondo), 고추장(gochujang), 먹방(mukbang), 꼰대(kkondae), 눈치(nunchi), 호미(homi) 등을 포함하여 많은 단어가 한국에 어원을 둔 단어로 등장하기 시작했다.

언어학적으로 번역(translate), 전사(轉寫transcribe), 전자(轉字transliterate), 로마자화(Romanization)는 서로 밀접한 관련이 있는데, 번역은 하나의 언어로 되어있는 자료를 다른 언어로 옮기는 것(L1⇒L2)을 말하며, 전사(문자⇒음성기호)는 하나의 문자를 다른 언어의 음성기호로 옮기는 것을, 전자(L1문자⇒L2문자)는 하나의 문자언어로 된 것을 다른 언어의 문자로 옮겨 쓰는 것을 말한다. 로마자화(Romanization)는 한 언어로 된 것을 영문로마자로 옮겨쓰는 일을 말한다. 한글을 로마자화할 때, 언어학계에서 가장 선호하는 대표적 로마자화는 예일 로마자화(Yale Romanization)이다.[2]

한국영화 '미나리'는 Minari로, 한국의 엄마-아빠-오빠-할머니는 Umma-Appa-Oppa-Halmoni로 가장 한국적인 가족의 개념도 이제 코드스위칭된 전자(transliterate) - 로마자화를 통해 널리 사용되기만 한다면 영어단어가 되면서, 한국문화와 한류로 연결될 수 있을 것이다.[3]

2 미국 예일대학에서 개발한 전환방식으로 가장 오래되었고, 한국어, 중국어, 광동어, 일본어 표현들을 영문로마자로 변환해주는 프로그램인데, 언어학자들은 이 예일 로마자변환 방식을 많이 사용한다. 인터넷상에 일본 Ashihiko Asao의 변환 (conversion) 프로그램도 편리하게 사용할 수 있다. 예일 로마자화 변환프로그램으로 독립문, 신라, 엄마를 각기 로마자화 해보면 'toklipmwn', 'sinla', 'emma'가 된다.

3 사실 '오빠' 라는 단어는 싸이의 '강남스타일'이란 노래에서 가사로 등장하는데, 영어의 'older brother'란 개념과는 확실히 다른 '문화적' 의미가 있다. 형제자매(sibling)간의 손위의 남자형제의 혈연적 관

아래 '꼰대'라는 신조어가 영국 BBC에 소개되면서 영어단어로 등재될 날이 멀지 않아 보이기 때문이다. 물론 좋은 의미의 단어는 아니겠지만, 한국적인 물건과 한국문화의 영향력과 파급력이 그만큼 많아진다는 의미에서, 민망하고 부끄러울 일만은 아니라고 생각된다.

그런가 하면, 최근 '내로남불'이란 매우 흥미로운 축약어의 하나인 "내가 하면 로맨스, 남이 하면 불륜"이란 표현도 소리나는 대로 로마자화(romanize) 되어 'naronumbul'이란 단어로 New York Times지에 소개된 일이 있었다. 글을 쓴 최성훈 기자의 재치라고 생각된다.[4]

어떤 이들은 이런 한국어에서도 거의 속어(슬랭)에 가까운 구어체적 표현이 영어로 로마자화됨에 대해 어떤 시사평론가는 '민망하다'라는 논평을 했으나, 언어학자로서는 이런 한국적 표현이 자주 글로벌 시장에 나아가 전자되면, 한국문화의 영향력과 파급력이 더욱 커지고 넓어지는데 도움이 된다고 생각된다. 미국사람이나 영어권 화자들이 적절한 상황에 'naeronambul'이란 단어를 사용하는 것을 상상해보자.

계만을 가리키는 (older/elder brother)라는 단어는 한국어의 '오빠' 와는 확연히 다르기 때문이다. 한국어의 '오빠'는 손위 혈연관계가 아닌, 남편, 애인, 남자친구, 남자사람친구 (남사친), 사촌오빠 심지어 나이를 알 수 없거나, 연하의 어린 남자나 낯선 사람에게도 '호감'의 표시로 사용할 수 있는 단어이기 때문이다. 사촌(cousin)을 '사촌오빠' '사촌언니'라고 사촌(cousin)에 'brother-sister'를 붙이는 것은 영어권 kinship terms (친족어) 개념과 다르다. 영어로 brother는 친형제에게만 붙이는 것이기 때문이다. 이런 문화적 개념과 외연의 확장성은 '오빠'를 (older) brother로 표현할 수 없기 때문에 Oppa로 영문자화 (혹은 전자)해서 'Oppa'가 영어단어에 그대로 탑재될 날이 올 수도 있다. 특히 코미디에 나타난 친족어의 코드스위칭에 관해 홍성심(2020) 참조할 것.

4 이 단어의 조어법은 영어 단어 '로맨스'(romance)의 '로'를 따와 한글 단어와 섞인 혼성어(blends)라는 점이 흥미롭다.

<그림 12 :'내로남불'이 출현한 New York Times기사(2021.4.7.)의 일부분>

South Koreans expressed their growing cynicism over what they considered the hypocritical practices of Mr. Moon's progressive allies with a popular saying: naeronambul. It roughly translates to, "If they do it, it's a romance; if others do it, they call it an extramarital affair."

그런가 하면 다음 캡처는 '꼰대'가 들어 있는 사전의 정의도 있다.

<그림 13 : '꼰대'가 영어 단어>

<그림 14 : 꼰대의 사전적 정의>

https://en.wikipedia.org/wiki/Kkondae

Not log

Article Talk Read Edit View history Sear

Kkondae

From Wikipedia, the free encyclopedia

This article has multiple issues. Please help **improve it** or discuss these issues on the **talk page**. *(Learn how and when to remove these template messages)*

- This article **is an orphan, as no other articles link to it.** Please introduce links to this page from related articles; try the Find link tool for suggestions. *(October 2019)*
- The **neutrality of this article is disputed.** *(September 2019)*

Kkondae is an expression used in South Korea to describe a condescending person. The slang noun *kkondae* was originally used by students and teenagers to refer to older people such as fathers and teachers.[1] Recently, however, the word has been used to refer to a boss or an older person who does so-called *kkondae-jil* (acting like a kkondae, in the Korean language), that forces the former's outdated way of thinking onto another person.[2]

영어는 살아 있는 생물(生物)이다. 언제나 어디서나 화자가 원하는 단어나 표현을 수용할 수 있는 진공청소기와 같다고 영국의 언어학자인 David Crystal은 말한 바 있으며, 화자가 해당 단어를 많이 오랫동안 사용하면, 그 언어의 어휘로 등재된다.(Anne Curzan, University of Michigan)

또한, 언어는 상당히 민주적이다. 많이 사용하면 단어로 살아남고, 조금 유행하다가 화자들이 덜 사용하면서, 시들해지면 우리의 언어생활에서 사라진다. 그래서 자꾸 먹방도 영어로 찾아봐야 한다. 김치가 우리의 식문화로 서구가 인정해서 영어단어로 kimchi가 들어 있으니, 김치는 우리 것이 당연한 것이다. 그리고 재벌(chaebol)도, 전세(jeonse)도 우리의 문물이고 제도니까 로마자화되어 알려진 것이다.[5]

<그림 15 : '재벌(chaebol)'이 들어간 CNN기사의 일부>

Seoul (CNN Business) Lee Kun-hee — the controversial yet legendary business titan who led Samsung's rise from a modest South Korean company to a multinational conglomerate — died Sunday at the age of 78.

< ... 중략 ... >

The conglomerate is now the largest in South Korea, holding 424.8 trillion won ($376 billion) in assets, according to the country's Fair Trade Commission. It's larger than any of South Korea's other "chaebol," or the giant family-run conglomerates that dominate the the country's economy. Hyundai holds about half as many assets.

< ...생략... >

오늘날, 영어가 링구아프랑카가 된 것은 많은 복잡한 이유와 배경이 있겠지만, 스폰지나 진공청소기처럼, 세계의 많은 언어의 어휘를 받아들여 어마무시한 어휘를 갖추게 된 데에도 이유가 있을 것이다.

5 이 기사는 Jake Kwon & Yoonjeong Seo (CNN Business)에 의해서 작성되었으며, CNN (2020, 10.26일 자 기사이다.)

아무튼, 영어라는 언어가 가진 방대한 어휘속에는 라틴어의 어원 29%, 불어계통 어원 29%, 독일어 계통 어원 26%, 그리스어 6%, , 그리고 기타-어원을 알 수 없는 단어 6%와 고유명사/고유어 4%이다.

<그림 16 : 영어 속 외래어원 단어의 비율>

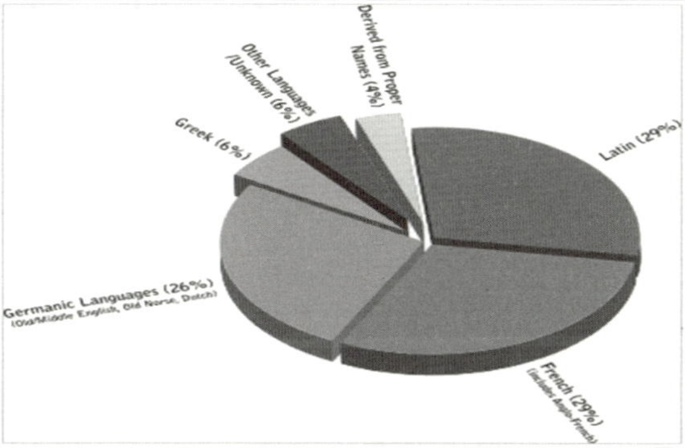

According to surveys,[1][2] the percentage of modern English words derived from each language group are as follows:

Latin	≈29%
French	≈29%
Germanic	≈26%
Greek	≈6%
Others	≈10%

Chapter 15

우리말 신조어의 영어화?

금수저, 흙수저, 강남좌파, 개념없는, 먹방, 짝벌남도 영어단어가 있다!

우리 사회의 변화와 발전 속에서도, 시대상을 반영하는 새로운 용어와 개념들이 많이 등장하고 있다. 이런 신조어들에 해당되는 영어 어휘들을 소개해 보기로 한다.

(1) 금수저: a silver spoon in his/her mouth, or a person born into a rich and famous family, a scion

(i) John was born with a silver spoon in his mouth.
(ii) Most students at the private college are born with silver spoons in their mouths.
(iii) He is a scion of a powerful family.
(iv) Not everyone is born with a silver spoon in his mouth.
(v) He was born into a rich and famous family.

'금수저'를 영어로 'a person with a silver spoon in one's mouth'(은수저를 물고 태어난 사람)으로 표현하게 된 배경에는 아마도 '상류층 인사들의 식기류utensil가 은이었기 때문일 것 같다. 우리나라도 '은'이 독극물에는 색깔 반응을 보이기 때문에, 독살 등의 위험에 처한 왕실에서는 은수저를 사용한 것이 아닌가 싶다. 따라서 은수저를 식기로 사용할 수 있으려면, 상당한 부와 권세가 있어야 했기 때문일 것이다.

(2) 흙수저:

(i) I was born into a poor family.
(ii) I was born with a plastic spoon in my mouth.

이 말은 a silver spoon이란 말에 대조적으로 a plastic spoon을 노랫말에 넣어 부른 영국그룹 'The Who'가 1966년 Substitute라는 노래에 사용된 가사의 일부로, 한국어로 금수저가 영어로는 '은수저'인 것처럼 한국어의 흙수저는 '플라스틱수저'로 번역될 수는 있겠다.

(i) I was born into a penniless family정도라면 괜찮을 듯하다.

또한, 매우 빈곤한 백인 가정을 이르는 "white trash"(백인 쓰레기)도 있다.

(3) to kimchi(김치를 담그다) 동사로 사용하다

저널리스트 Eric Kim은 2020년 7월2일자 뉴욕타임즈 기사에 "Think of Kimchi as a Verb"('김치를 동사로 사용하기')라는 글을 기고한다. 이 기고문에는 놀랍게도 Jack London이란 미국소설가/작가가 한국전에 파견되었었던 사실과, 그가 일본에서 3번이나 체포된 적이 있었던 기록을 전한다. 그는 "김치가 매우 냄새가 강해서, (아마도 발효가 지나치게 진행된 경우를 묵은 김치는) 그 냄새가 하늘을 찌를 만큼 강했다"고 적고 있다.

그때의 경험을 소설책으로 The Star Rover(1915)로 출간하였는데, 이 때 이 책에서 한국의 김치를 '독일의 사워크라우트(Sauerkraut)와 비슷하다'고 말하였다.

This is one of America's earliest written encounters with kimchi. London was right in the first regard: Kimchi is "a sort of sauerkraut," a fermented dish that most often starts off with cabbage and salt.

As for the last comment, kimchi almost never spoils. Prepared correctly and with enough salt, it can ripen for months, even years, until it becomes mukeunji — kimchi that's so concentrated in flavor that it burns the tongue and tastes wonderful when stewed.

Eric Kim에 의하면, 이 Jack London의 1915년 소설이 미국사람이 언급한 최초의 '김치'이며, 김치는 오래되어도 상하는 일 없이 '묵은지

김치'(mukeunji kimchi)가 되는데, 이 또한 무척 맛깔나는 음식으로 찌개(stew)가 된다.[1]

Eric Kim은 드디어 'to kimchi'로 '김치를 담그다'에 해당되는 동사로 'kimchi'를 사용하기 시작했다고 쓰면서, 어떤 채소라도 '김치를 담글 수 있다'는 예로 방울토마토(grape tomatoes)와 오이를 김치로 담근 사진을 보여주고 있다.(Eric Kim : http://nytimes.com/2020/07/02)

(4) fast nunchi(빠른 눈치)

다음으로 영어권 국가의 영어사전으로 "수출할" 한국어 단어는 '눈치' 이다. 이 단어는 Euny Hong이라는 미국의 한국계 저널리스트가 '눈치'를 로마자화 'nunchi'로 표기하면서 언론에 노출되었다. NY Times기사(2019년11월 15일자)에 의하면, '눈치'(nunchi)야 말로 한국이란 나라의 성공을 한국 부모가 자식들에게 '눈치'가 빠르도록 교육시켰기 때문이라고 말하고 있다.

다들 눈치를 챘겠지만, '눈치'라는 개념이 영어로 번역하기 어려운 단어이기 때문에 저널리스트 Euny Hong은 이 단어를 'nunchi'로 로마자화하고 이 기사를 뉴욕타임즈지에 게재한 것이다. 역시 글쟁이다운 시도이며, 너무 고맙다. 덕분에, 한국어에 어원을 둔 영어 신조어로 영어사전에 탑재 될 다음 단어는 'nunchi'가 될 가능성이 크게 높아졌다.

1 최근 중국의 유튜버가 '김치'를 중국의 음식으로 소개하여 한국 국민들의 공분을 사고 있는데, 사실 '김치'는 한국인의 soul food (영혼의 음식)이다. Eric Kim은 "김치는 한국 그 자체이다"적고 있다.

mukbang(먹방)도 실렸으니, 뉴욕타임지에 실린 에세이니까.... 우리 독자들이 눈치가 많다면 말이다.

(5) 쩍벌남: manspreader(N), manspread(V)

지하철이나 버스 같이 대중 교통수단에서 다리를 벌리고 앉는 남성을 일컫는 말로, 2014년 경 처음 영국에서 등장하였다.

(6) 강남좌파: Limosine liberal or Latte liberal

'강남좌파'에 해당하는 영어표현은 '리무진 리버럴' 혹은 '라떼 리버럴'이다.[2] 여기서 말하는 '리무진 리버럴'이나 '라떼 리버럴'은 미국에서 사용되는 말인데, 중상위층 이상 사람들의 위선적 성향을 비꼬아 지칭하는 정치적 용어이다. 예를 들면, 사람들에게는 대중교통을 이용하도록 선동하면서, 자신들은 정작 럭셔리 리무진이나 개인 제트비행기를 타고 다닌다던가 하는 사람들을 일컫는다. 혹은 환경문제를 생각해서 기름이 적게 드는 차량을 탈 것을 권하면서 자신들은 기름이 많이 드는 스포츠카나 SUV를 몰고 다닌다거나, 공립학교나 공교육을 옹호하는 듯이 발언하지만 정작 자신의 아이들은 사립학교를 보내는 위선적인 사람을 일컫는다. 아래는 강남좌파에 해당되는 인터넷-기반 원문의 일부를 아래에 인용한다.

2 강준만 (2011)

"Limousine liberal and latte liberal are pejorative U.S. political terms used to illustrate hypocritical behavior by political liberals of upper class or upper middle class status; for example, calling for the use of mass transit while frequently using privately owned luxury transportation, especially by limousines or private jets in the case of the extremely affluent, claiming environmental consciousness but driving fuel inefficient sports cars or SUVs, or ostensibly supporting public education while actually sending their children to private schools."

강남좌파와 비슷한 단어로, '샴페인 사회주의자'(소셜리스트)가 있는데 주로 영국에서 사용되는 용어로, 이 또한 위선이 심한 진보적 엘리뜨를 일컫는 말로, 주로 자칭 사회주의자라고 스스로를 칭하지만, 중상류이상의 생활을 영위하는 사람을 일컫는다. 환유적으로 샴페인을 마실 수 있는 사람을 말한다. 아래에 해당 자료의 인용문 일부를 적어본다.

"Champagne socialist is a political term originating in the United Kingdom. It is a popular epithet that implies a degree of hypocrisy, and it is closely related to the concept of the "liberal elite". The phrase is used to describe self-identified socialists whose luxurious upper middle-class or "preppy" lifestyles, metonymically including consumption of champagne, are ostensibly in conflict with their political beliefs as understood by their critics."

독일에서는 '살롱코뮤니스트(Salonkommunist)'란 표현을 많이 쓰며, 이것이 우리나라의 '강남좌파' 정도에 해당될 것이다. 프랑스에서는 '강남좌파'정도 해당되는 사람을 '캐비어 좌파'라고 불리우는데 스스로 사회주의자라고 칭하면서, 사회주의의 가치에 반하는 삶을 사는 사람을 말한다. 이 표현은 1980년대 생겨난 단어로 위선의 정도를 일컫는다. 역시 나라마다 중상위 계층 이상의 사람들이 범하는 위선이 존재하고, 이들을 일컫는 말은 사회와 문화마다 다름을 알 수 있다.

Chapter 16

재미 쏠쏠한 영어 시조어

씨저샐러드, 샌드위치, 색소폰, 아스팔트, 로봇, 구글까지 영어 시조어는 무궁무진하다!

영어의 수많은 단어들은 다양하고 복잡한 숨은 이야기를 가지고 있다. 신조어 혹은 신어가 만들어지는 방법 중에 어원(etymology), 유래(origin), 차용(borrowing)등과 비슷하게 인명(proper names), 지명(place names), 혹은 소설이나 픽션 등과 같은 비실존 이름 등에서 유래하는 단어들이 있다. 오랫동안 사용되다 보니, 보통명사화 하여, 논란의 대상이 되는 경우의 단어도 있다.

이런 방식으로 만들어진 단어는 시조어(eponyms)라고 하는데, 영어 어휘 중에는 이런 단어들이 셀 수 없을 만큼 많이 있다. 이 장에서는 오랜 세월이 흐르면서, 그 어원이나 유래를 살펴 흥미로운 역사와 사회를 배경으로 생겨난 대표적 시조어를 알아보기로 한다.

시조어의 종류를 크게 5가지 유형으로 나누는데 다음과 같다:

첫째는 제품/물건/생산품의 이름(Product Eponyms)에서 따오는 것이다. Kleenex, Xerox, aspirin, 퐁퐁, 포스트잇(Post-It), 스타이로폼(Styrofoam) 등이 있다. 이러한 제품이나 물건을 제조/제작한 회사가 붙인 이름일 경우가 많다.

둘째는 Historical and Geographical Eponyms(역사 지리적 시조어)가 있다. Sandwich, boycott, chauvinist, Cashmere(파키스탄-인도북부지역의 카시미르 지역) 등과 대문자로 시작하는 레이거노믹스(Reagonomics, 레이건대통령의 경제정책과 방향), Victorian 같은 것이 있다.

셋째, Literary Eponyms는 Quixotic(돈키호테같이 엉뚱한), a Casanova(카사노바 같은 호색한), a Romeo(비극적 사랑에 빠진 남자, 로미오) 같이 문학작품 속의 인물로부터 유래한 시조어가 있다. 또, Lolita syndrome(나이 어린 소녀에게 연애감정을 느끼는 중년 남자들의 증후군) 등이 있다. Robot도 소설 속의 기계인간을 말하는데, 로보틱스(Robotics)는 기계공학으로서 로봇을 연구하는 학문이다.

넷째, 신화로부터 유래한 단어들이 영어에 꽤 많이 있는데, 이를 mythological eponyms라고 하고, Midas touch, tantalizing, Achilles' heel(or Achilles' tendon) 등이 있다.

끝으로, 과학기술기반 시조어(scientific eponyms)라고 최초 명명한 과학자들의 이름에서 유래한 시조어는 diesel, volt, watt, algorithm, robot

등이 있다. (The) Eiffel tower(에펠탑)은 프랑스의 건축가의 이름을 딴 탑이고, styrofoam(스티로폼)은 1940년대 미국 다우존스 케미컬에서 개발한 화학 물질로 지금은 스티로폼 제품이나 포장재가 많이 사용되고 있다.

물론 식물학자들도 자신의 이름을 딴 식물, 꽃등의 이름을 자신의 이름을 따서 지었고, 이런 이름들이 살아남았다. 달리아(dahlia), 목련(magnolia), 포인세티아(poinsettia)가 있으며, 의사 알츠하이머도 병명을 '알츠하이머 치매'(Alzheimer's disease)라고 불러, 시조어의 하나가 된다.

다음은 흥미롭고 일상적으로 많이 언급되는 시조어를 선별하여 원문 정의와 함께 소개한다.

16.1 Algorithm ⇒ 알고리즘

780년부터 850년까지 생존했던 페르시아 혹은 우즈베키스탄의 수학자, 지리학자, 천문학자의 성(surname)을 라틴어로 옮겨 적을 때의 이름이다.

"Muhammad al-Kwarizmi was a mathematician, geographer and astronomer (780-850). His work on the Indian numerals was translated into Latin in the 12th century and hence, the decimal positional number system was introduced to the Western world. Algoritmi is the Latin translation of his surname."

16.2 America ⇒ 아메리카

America(아메리카): 이탈리아의 탐험가, 항해가, 그리고 투자자였던 아메리고 베스푸치의 이름으로부터 '아메리카'가 되었다. 그는 콜롬버스와 그 일행이 잘못 생각했던 바가 틀렸으며, 아프리카와 유럽인들에게 알려진 바가 전혀 없었던 대륙이었음을 확인하고, 이를 '신대륙'으로 지칭하면서, 나중에 이것이 그의 이름대로 아메리카가 되었다.

"The word America derives from the feminised Latin version of Amerigo Vespucci, an Italian explorer, navigator and financier. He was the first to demonstrate that Brazil and the West Indies did not represent Asia's eastern outskirts as it was initially assumed by Columbus and his crew. Instead, he constituted an entirely separate landmass previously unknown to Afro-Eurasians. It was first referred to as The New World and later became termed "America"."

16.3 Barbie Doll ⇒ 바비인형

Barbie Doll(바비인형) 바비인형을 최초로 만든 Ruth Handler(루스 핸들러)는 자신의 딸인 바바라의 이름을 따서, 이 인형의 상표로 바비(Barbie)로 정한 것이다. 그녀는 미국의 여성사업가로, 자신이 스위스에서 본 적이 있었던 인형의 디자인을 새로 작업해서, 1959년에 뉴욕의 장난감 전시회에 출품하게 되었다. 이 바비인형은 처음에는 그다지 큰 주목을 받지 못했으나, TV광고와 선전을 통해, 결국 큰 히트를 치는 상품이 되었다. 그녀는 자신의 아들 Ken의 이름을 바비의 남자친구이름으로 채택한다.

“Ruth Handler, the creator of Barbie, named the iconic doll after her daughter Barbara. Handler was an American businesswoman who reworked a design of a doll she had seen in Switzerland and debuted it at the New York toy fair in 1959. Although the doll was not a big success at first, the television advertising campaigns, which Handler invested in, paid off eventually. Barbie’s boyfriend Ken is named after Handler’s son.”

16.4 Boycott ⇒ 보이콧

보이콧(boycott)이란 시조어는 아일랜드의 “토지전쟁”(1879-1882, 1886-1891)동안 영어의 어휘로 도입되는데, Charles Boycott라는 부재지주(absentee landlord)의 이름으로부터 유래한다. 아일랜드의 마요지역(County Mayo) 지주였던(land agent) Charles Boycott의 이름을 따서 이런 단어가 ‘조직적 거부권, 혹은 거부권을 행사하다’라는 의미가 되었다.

“The eponym boycott entered the English language during the Irish “Land War” and derived from the name of Captain Charles Boycott. He was the land agent of an absentee landlord. After several incidents, Boycott’s name was everywhere as a term for organised isolation. The term "boycott" was coined later that year following the successful campaign against Country Mayo land agent Charles Boycott.”

16.5 Caesar Salad ⇒ 씨저 샐러드

우리가 즐겨먹는 메뉴인 씨저 샐러드(Caesar Salad)[1]는 많은 사람들

1 Salad의 어원은 'salted' dish 라는 말이다 Old French 어인 salade를 거쳐, 라틴어의 salata로부터

이 로마의 장군이자 정치가였던 가이어스 줄리어스 씨저(Gaius Julius Caesear)로부터 그 유래를 둔 시조어로 알고 있지만, 이는 사실이 아니다. 씨저 샐러드는 요리사, 레스토랑 사업자, 호텔운영 사업자였던 이탈리아의 씨저 까르디니(Caesar Cardini: 1896-1956)로부터 온 말이다. 그는 씨저 샐러드라는 메뉴를 개발해서 헐리우드와 여타 셀럽들 사이에 유명인사가 되었다.

"Many people believe that the creator of the Caesar salad was no other than Julius Caesar. However, this is wrong. The phrase derives from the Italian-American restaurateur and chef, Caesar Cardini. He is credited with having created the Caesar salad which became fashionable among Hollywood and other celebrities."

16.6 Cardigan ⇒ 카디건

뜨개실 같은 재질로 짜여진 앞 단추가 있는 재킷이나 스웨터를 카디건이라고 하는데 이는 7대 카디건 백작이라는 작위를 가졌던 Thomas Brudenell(1797-1868)의 이름에 유래를 두고 있다. 이 백작은 크림전쟁(1853-1856) 기간 동안에 자신의 군대 장교들이 추위를 피하기 위해 이 같은 겉옷을 처음 입혔다고 한다.

"The knitted jacket or sweater fastened down the front with

유래하였는데 원래 'salt'라는 말이다. Salary는 소금이 중요한 재원의 하나였던 탓에, 로마군인에게 소금을 살 수 있도록 지급하였던 수당 (allowance given to Roman soldiers for buying salt)이란 의미에서 유래하였으니, 월급과 샐러드가 그 어원에 공통적으로 '소금(salt)'이란 단어를 가지고 있는 것이 흥미롭다.

buttons was invented by James Thomas Brudenell, seventh Earl of Cardigan (1797–1868). The English cavalry officer spent his inherited wealth on making his regiment the best dressed in the service. The garment was first worn during the Crimean War as a protection against cold winters."

16.7 Diesel ⇒ 디젤, 경유

독일의 발명가이자 기계공학 엔지니어였던 루돌프 디젤(Rudolf Diesel)은 자동차에 사용되는 디젤 엔진을 발명하였는데, 디젤은 그의 이름을 딴 것이다.

"The German inventor and mechanical engineer Rudolf Diesel famously developed the Diesel engine, an internal combustion engine which uses the heat of compression to burn fuel and initiate ignition."

16.8. Escalator ⇒ 에스칼레이터

1900년도 미국의 회사명 Otis Elevator, Co.부터 유래한 이름으로 moving staircase란 의미를 가진 단어로, escalade(기어오르다) + '-ator'로 형태분석이 가능한 단어이다.

16.9 Fahrenheit(화씨) & Celsius(섭씨)

다니엘 가브리엘 파렌하이트(Daniel, Gabriel Fahrenheit)는 독일-화란-폴란드의 물리학자, 엔지니어, 그리고 유리공예가였다. 그는 암스텔담에서 1714년에 수은 온도계(mercury-in-glass thermometer)를 발명하였고 오늘날 온도는 그의 이름에서 유래하였다. 온도계는 수은을 담은 둥근 구모양에 수은이 담겨있고 좁은 유리튜브에 연결되어 있다. 한편, 스웨덴 과학자 앤더스 셀시어스(Anders Celsius)는 셀시어스 측정기를 1742년에 발명하였다.

"Daniel Gabriel Fahrenheit was a German.Dutch.Polish physicist, engineer and glass blower. He invented the mercury-in-glass thermometer in Amsterdam (1714) and developed the temperature which now bears his name. The thermometer consists of a bulb containing mercury attached to a narrow glass tube. By the way··· The Swedish scientist Anders Celsius devised the Celsius scale in 1742."

16.10 Hooligan ⇒ 훌리건

패트릭 훌리건은 전설상의 아일랜드출신 난동꾼이었는데 영국으로 여행을 가서 범죄를 저지른 것으로 추정된다. 1894년에 런던 경찰의 법정보고서에 처음으로 훌리건이라는 이름이 등장하였는데, 런던의 남쪽 램베드라는 곳의 젊은 갱단들을 지칭하였다. 이 갱들은 자신들을 '훌리건 아들들'이라고 부르다가 나중에는 O'Hooligan Boys라고 불렀다.

"Patrick Hooligan was allegedly a rowdy fictional Irishman who travelled to England and became a criminal. The eponym then appeared in print in London police court reports in 1894. It referred to the name of a gang of youths in Lambeth, south London. The gang called themselves the Hooligan Boys and later, the O'Hooligan Boys."

16.11 Guillotine ⇒ 길로틴 단두대

프랑스 물리학자 죠셉 길로틴(Joseph Guillotin, 1738-1814)은 사형의 한 방법으로 목을 치는 방식을 제안하였는데, 다른 어떤 사형방법보다 효과적이고 인간적이라고 확신하였다. 그 자신은 프랑스에서 사형제도를 실시하는 것을 반대하였으며, 손수 단두대를 발명한 것은 아니나, 역설적이게도 그의 이름은 단두대 (길로틴)의 시조어가 되었다. 단두대의 원형을 처음 발명한 사람은 역시 프랑스의 의사이자 생리학자였던 안토인 루이(Antoine Louis)였다.

"The French physician Dr. Joseph-Ignace Guillotin (1738-1814) proposed a method of execution by decapitation to the French Revolutionary body in 1789. He was convinced that his method was more efficient and humane than others. Although he did not invent the guillotine himself (he opposed the death penalty in France) . his name became the eponym for it. The actual inventor of the prototype was Antoine Louis, a French physiologist and surgeon."

16.12 Jacuzzi ⇒ 쟈쿠지, 회오리 욕조

칸디도 쟈쿠지(Candido Jacuzzi)에게는 중증 류마티스 관절염을 앓는 아들이 한 명 있었다. 그는, 아들을 위해 휴대용 펌프를 욕조에 넣어 회오리 물살을 일으키는 자쿠지 욕조를 최초로 개발하였다. 이를 본 그의 조카 로이 쟈쿠지(Roy Jacuzzi)는 상당한 전망이 있음을 알아보고,

1960년대 그들 가족기업의 제품으로 펌프를 생산하기 시작했다.

"Candido Jacuzzi had a son who suffered from severe rheumatoid arthritis. Hence, he invented a portable pump that he could put into a bathtub to recreate a whirlpool. Roy Jacuzzi, his nephew, saw a great opportunity in this invention and began producing the pump as a product from their family business in the 1960s."

16.13 Nicotine ⇒ 니코틴

약물 니코틴(nicotine)은 진 니코Jean Nicot의 이름을 따서 지어진 이름인데, 그는 16세기 중반 포르투갈에 주재했던 프랑스 외교관이었다. 그는 프랑스에 담배를 최초로 도입했으며, 황후였던 Catherine de' Medici에게도 담배를 소개했다. 이 담배식물은 처음에는 니코티나(Nicotina)라고 불렸다가 나중에는 담배식물의 특정한 화학성분을 지칭하게 되었다.

"The stimulant drug nicotine was named after Jean Nicot, a French ambassador in Portugal in the mid-16th century. He introduced tobacco plants to France and the queen mother, Catherine de' Medici, and the Father Superior of Malta soon became instant tobacco converts. At first, the plant was called Nicotina, and later the word nicotine referred specifically to the particular chemical in the plant."

16.14 Sandwich ⇒ 샌드위치

죤 몬태규(John Montagu)는 4대 샌드위치 백작이었는데, (1718-1792), 영국의 외교관이면서 정치가였다. 대화와 노름을 즐겨하는 샌드위치경은 카드게임을 하는 장시간 동안 식사도 하지 않은 채 게임에 몰두하였다. 그는 늘 하인들에게 빵 두 쪽 사이에 썰어진 냉장고기를 넣어 가져오도록 시켰는데, 오늘날까지, 샌드위치는 매우 인기있는 스낵이며 가벼운 식사대용으로 자리 잡았다. 그리고 지금도 여전히 빵 2-3쪽 사이에 고기류 등을 채워 넣는 방식을 지켜오고 있다.

"John Montagu, 4th Earl of Sandwich(1718–92), was an English diplomat and statesman. Being a conversant gambler, Lord Sandwich could play card games without having a meal during the long hours of playing. Therefore, he used to ask his servants to bring him cold meat in between two slices of bread. Up to this day, sandwiches are a widely popular type on snack and still consist of two (or more) slices of bread with one (or more) fillings between them."

16.15 de Nimes ⇒ 데님

프랑스의 남부지역 Nimes 지역에서 생산되던 튼튼하고 질긴 푸른빛의 원단을 지역이름을 따서, 데님이라고 부르게 되었다. 주로 청바지(Blue Jeans)나 청재킷(denim jacket)을 만들었으며, 노동자들이 많이 입던 옷의 종류들이 데님으로 만들어졌다. 이같은 직조 방식으로 짜여진 천이나 원단등을 데님이라고 불렀기 때문이 이를 시조어라고 할 수 있다.

16.16. Sideburns ⇒ 구렛나루

이 단어는 Ambrose Burnside(1824-1881: 미국의 군인, 철도기업가, 발명가, 로드 아일랜드(Rode Island 주지사, 상원의원 역임)의 이름에서 유래한 것으로 그는 얼굴 양 옆면을 뒤덮은 구렛나루 털이 수북했는데, 이를 보고 구렛나루를 그의 이름에서 딴 sideburns라고 부르게 되었다. 따라서, sideburns라는 단어는 실존했던 인물의 고유명에서 유래한 단어가 된다.

16.17 Manila envelop ⇒ 서류용 (갈색) 대봉투

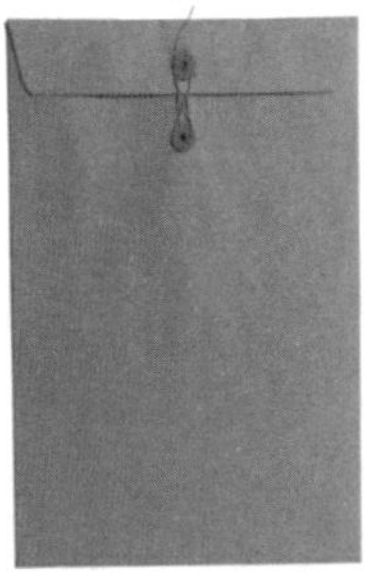

사무실에서나 공공기관 등에서 서류를 넣는 갈색의 대봉투를 영어로 '마닐라 봉투'(Manila envelop or Manila folder)라고 부르는데, 이는 필리핀산 바나나의 일종인 마를 원료로 만들어진 튼실한 봉투를 말한다. 이 지역의 이름을 딴 대봉투를 '마닐라봉투'라고 하니 지명에서 유래한 시조어가 될 수 있겠다.

16.18 The Eiffel tower ⇒ 에펠탑

프랑스 파리의 상징적 조형물인 에펠탑(1887-1889)은 프랑스의 건축자 Gustav Eiffel의 이름을 따서 이 탑 이름을 지었다. 따라서, 이 단어는 존재하는 건축물의 이름에서 유래하며 고유지명, 사람이나 제품의 이름에서 유래한 시조어가 된다.

16.19. Zipper ⇒ 지퍼

지퍼라는 단어는 상표이름으로 시작된 단어이다. BF Goodrich는 부츠에 이런 형태의 잠금장치를 붙인 뒤 이를 지퍼라고 불렀다. 이 지퍼라는 이름은 없어지지 않고, 사람들이 이런 모양의 잠금장치를 계속적으로 지퍼라고 부르게 되었다.

"The word zipper started as a branded name. BF Goodrich put this fastener on a pair of boots they sold and called it a zipper. The name stuck, and now the word is used to universally describe this type of fastener."

16.20 lazy Susan ⇒ 회전식탁, 회전테이블

이 회전식탁은 중국에서 발명되었을 것 같지만, 실은 서양에서 만들어진 물건으로 가운데 식탁이 회전하는 형식으로 만들어져 있다. 그런 이유로 음식을 배분하거나 돌아가면서 나누어 먹기에 좋은 모양이다. 왜 '수잔'이라는 이름이 붙었는가 생각해보면, 대부분 음식을 서빙하는 사람을 여성이라고 생각해서 흔하게 발견할 수 있는 여성의 이름을 'Susan'이라고 한 것 같다. 아래는 어원학 사전의 정의의 일부이다.

"A lazy Susan is a turntable (rotating tray) placed on a table or countertop to aid in distributing and sharing food. Lazy Susans may be made from a variety of materials but are usually glass, wood, or plastic. They are circular and placed in the center of a table to share dishes easily among diners. Although they are common in

Chinese restaurants, the lazy Susan is a Western invention."

16.21 Saxophone ⇒ 색소폰

관악기의 대표적인 관악기의 하나인 색소폰은 벨기에의 악기 제조공인 아돌프 색스의 이름을 따서 지어진 시조어이다. 비슷한 관악기로 수자폰(Susaphone)도 이 같은 시조어에 속한다.

"The musical instrument, saxophone, is named after Belgian instrument maker Adolphe Sax."

16.22 Polka dot(s) ⇒ 물방울 무늬(속칭 땡땡이 무늬)

폴란드 Poland의 한 여성에 의해서 포플린 Poplin 천에 직조된 물방울 무늬의 천을 일컫는 말로, 우리나라에서는 '땡땡이 무늬' 혹은 '물방울 무늬'라는 말을 사용한다. 폴카(polka)라는 말은 폴란드어로 여성들(women)을 지칭한다.

16.23 Cashmmere ⇒ 캐쉬미어

Tibet 지역과 히말라야 서쪽지방인 캐쉬미어(Kashmir) 지역에 살던 염소를 지역이름을 따서, Kashmir goats(캐쉬미어 염소)라고 불렀는데, 그 염소에서 깎아낸 부드럽고 섬세한 털을 캐시미어라고 했고 부드럽고 섬세한 털로 된 섬유의 이름은 이 지역 이름을 따서 cashmere가 되었다.

"Cashmere can be a soft, woolen dress fabric or a cotton and woolen imitation of it. But an expensive cashmere shawl is made from the fine, soft wool of the Kashmir goats that are native to Kashmir, Tibet, in the western Himalayas. (Wilfred Fink: 93)"

16.24 Magnolia ⇒ 목련

목련꽃은 꽃과 줄기가 모두 향기롭다고 알려져 있는데, 한때 중국에서는 쌀을 향내나도록 하는데 사용되었다고 한다. 프랑스 몽펠리어Montpelier지역의 식물학자였던 Pierre Magnol 교수의 이름을 따서 magnolia라고 이름 지어졌다.

"The magnolia was named after Pierre Magnol, professor of botany at Montpelier, France."

16.25. Saxaphone ⇒ 색서폰

벨기에의 악기 제조업자인 Antoine Sax(1814-1894)의 이름을 따서 지어진 악기 이름으로 만든 사람의 이름에서 유래한 시조어가 된다. 아래는 온라인 어원학 사전의 정의의 일부이다.

"1851, from French saxophone, named for Antoine Joseph "Adolphe" Sax (1814-1894), Belgian instrument maker who devised it c. 1840, + Greek -phonos "voiced, sounding."

16.26 Jumbo ⇒ 비정상적으로 큰, huge

1880년대, '점보'는 '비정상적으로 크고 서툰 사람'이란 의미를 가진 영어의 속어였다. 이 단어는 런던의 동물원에서 17년간 살았던 무지하게 큰 코끼리의 이름이 점보였는데, 영국의 많은 관중들로부터 큰 사랑을 받았다. 그러다가, 미국의 공연기획자인 사업가 Barnum이 점보를 1882년에 당시 10,000달러에 구매하려고 하자, 동물보호법이란 것이 없었던 당시 점보는 그다지 보호받지 못하면서 살았다. 프랑스령 수단에서 1861년에 태어난 점보는 파리에서 한 동안 공개되었고, 1865년 런던 동물원으로 가게 되었다. Barnum이 점보를 구매하려고 하자, 십 만여명의 영국의 어린이들이 당시의 빅토리아여왕에게 그 구매를 저지해 달라고 탄원서를 낸 바 있으나, 소용은 없었다.

"jumbo — "unusually large." In the 1880s "jumbo" was an English slang word for "clumsy, unwieldy fellow." The famous elephant named Jumbo lived in the London Zoo for 17 years and was a great favorite with the English public. U.S. showman P.T. Barnum bought Jumbo for $10,000 in 1882. Thanks to circus advertising, the name "Jumbo" became a synonym for "huge." In those days before animal protection laws, poor Jumbo did not have a happy life. Born in the French Sudan in 1861, he spent some time being exhibited in Paris before going to the London Zoo in 1865. When Barnum offered to buy him, 100,000 English school children wrote to Queen Victoria begging her to stop the sale, but no avail."

● 조어법(Word Coinage)과 차용어(Loan words)

시조어처럼 사물, 사람, 지명 등의 이름이나 표현 방식의 어휘를 보통 단어화 한 방식 이외에도 신조어 혹은 신어를 만드는 방식과 유형은 상당히 여러 가지가 있으며, 합성어(compounding), 혼성어(blending), 역성어(back-formation), 두문자어(acronym), 시조어(eponyms), 단축어(curtailing), 중첩어(duplicating), 의성어(onomatopeia), 등의 방식이외에도, 차용어(borrowing, loanwords)등의 방식으로 신조어가 만들어진다.

Chapter 17

목숨을 구한 구두점과 특수문자

많은 특수문자와 구두점이 문자적 소통에서 사용되는데 심지어 사람의 목숨을 구한 심표나 특별한 쉼표(comma)도 있다.

최근 들어 우리 언어생활에서 각종 특수문자와 특수기호를 사용하는 경향이 많이 생겼다. 이를 위해 이들 특수문자와 특수기호, 심지어는 음성부호(음소)의 이름을 영어로 아는 것은 중요하고, 특히 SNS등에서는 이러한 부호, 줄임말로 의사소통을 하는 경우가 많이 있다.

십 수년전에 운전하고 지나가던 중에, 〈공주시장애인의집〉이란 간판을 본적이 있다. 간판의 크기 때문에 띄어쓰기가 없었는데, 함께 차에 타고 있던 일행 중 한 명이 〈공주시장 애인의 집〉이라는 이름으로 읽는 바람에 크게 웃은 적이 있다. 물론 〈공주시 장애인의 집〉이라는 의미였을 터.

그런가 하면, 쉼표를 어디에 찍는가 아니면, 어디서 휴지(Pause)를 하는가에 따라 사람의 목숨이 오갈 수도 있다. 다음은 시베리아로 귀양을 가서 죽을 뻔했던 사람의 목숨을 구한 쉼표(콤마) 이야기이다.

러시아의 황후인 마리아 효도로브나는 시베리아에 유배되어 죽을 뻔 했던 사람의 목숨을 구했다고 한다. 사형집행서에서 단순히 쉼표를 옆으로 옮겨감으로 해서 사람의 목숨을 구하게 된 것이다.

건강이 좋지 않았던 알렉산더 3세(1845-1884)가 다음과 같은 사형 집행서에 서명을 하였다: "Pardon impossible, to be sent to Siberia"(= "사면불가, 시베리아로 유배")

다행히 마리아 황후는 황제보다 훨씬 너그러운 성격이어서, 사형수의 목숨을 구할 수 있도록 사형집행서의 쉼표를 옮겼다: "Pardon, impossible to be sent to Siberia"(="사면, 시베리아 유배불가") 쉼표하나를 옮겨옴으로써, 이 사형수는 풀려났다.

"This is the story of a Russian Czarina called Maria Fyodorovna, and how she saved the life of a man exiled to death in Siberia… by merely moving a comma on a death warrant. The Czarina's unfeeling husband Alexander III (1845-1884), had signed the warrant, on which was written:

"Pardon impossible, to be sent to Siberia."
"Pardon, impossible to be sent to Siberia."

As a result, the man was set free.

The moral of this story: The comma is the most misunderstood of all punctuation. So, be careful where you place commas, as comma placement affects the meaning of a sentence.

쉼표가 사람의 목숨을 구한 이야기이다. 쉼표를 어디에 찍을 것인지 다시 한번 생각해 보자.

쉼표가 구한 사람의 목숨(a matter of life and death!)

"Pardon impossible, to be sent to Siberia."
"Pardon, impossible to be sent to Siberia."

한편, 아래의 표는 최근 우리의 언어생활에서 더욱 그 비중과 빈도가 높아진 특수문자와 특수부호/기호등의 영어이름을 정리한 것이다.

<도표 16 : 빈번하게 사용되는 특수문자-부호의 영어이름>

No.	Symbol	English	Korean	
1	&	ampersand	and 부호	27th letter of English Alphabet
2	*	asterisk, star	별표	
3	@	at	골뱅이	
4	/	slash	사선	
	\	back slash	역사선	
5	?	question mark	의문부호	
6	!	exclamation mark	감탄부호	
7	~	tilde	물결표	

8	•	interpunct, raised point, etc	중간점	
9	^	caret, wedge	눈웃음?	카카오톡에서 많이 쓴다...
10	( )	parentheses (round brackets)		
	{ }	braces (or curly brackets)		
	< >	angle(d) brackets		
	[ ]	square brackets	각괄호	
11	#	pound sign		
12	'	apostrophe (어포스트로피)	속격	John's book
13	,	comma		cf a serial comma
	:	colon		
	;	semi-colon		
14	※	reference mark	당구장표	
15	卍	left-facing Swastika	절'萬'자	불교의 심볼
	卐	right-facing Swastika	Nazi symbol	
16	j, y	yod (Hebrew)		'year' (cf. 'ear')
17	ə	schwa (Hebrew)		
18	θ, ð	theta, edh (eth)		
19	æ	ash		
20	ʃ, ʒ	esh, ezh		
21	ŋ	Engma		'sing'
22	∴	therefore	'따라서'	
23	∵	because	'왜냐하면'	
24	†	Christian cross Or Dagger	십자가, 단도	개신교의 심볼

● 시리얼 쉼표(Harvard comma, Oxford comma, and Serial comma)

나열된 일련의 요소에서, 제일 마지막에 오는 요소의 and 바로 앞에 붙는 쉼표를 지칭하는 흥미로운 이름이 있다. 하바드 대학(출판부)에서는 이를 Harvard comma라고 부르고, 옥스포드 대학(출판부)에서는 이를 Oxford comma라고 부르는데, 가장 중립적인 이름으로는 메리엄 웹스터 사전사가 붙인 시리얼 콤마(serial comma)가 될 것이다. 물론 글쓴이에 따라서, 이 시리얼 콤마를 안 붙이고 연속해서 나열하는 경우도 있으나, 맥락의 선명성을 위해서는 이 시리얼 콤마가 나름의 역할을 한다고 보인다.

예를 들면, "John, Mary, Fred, and my wife went to the party"에서 마지막 요소(my wife) 앞 and의 바로 앞에 붙은 쉼표를 시어리얼 콤마(serial comma)라고 부른다.

●지연-하이픈(Suspended hyphen)

만일 하이픈이 붙은 두 단어를 접속해야 할 경우, 두개의 단어 중 하나는 하이픈까지 쓰고, 접속부분의 뒷말을 기다리는 것이 자연스러운 문장이 된다. 예를 들어보면, short-term과 long-term이 접속된, short-term and long-term plans처럼 short 다음에 하이픈을 쓰고, long-term N(명사)이 될때까지 기다리는 것이다. 이처럼 지연하이픈을 사용하는 것이 두개의 하이픈이 있는 접속표현을 각기 다 사용하는 것보다 스타일리쉬하다고 시카고 작문매뉴얼은 권장하고 있다. 이 책에서 필자는 이런 하이픈을 지연-하이픈이라고 부르겠다.

(i) The patient discussed short-term and long-term care insurance.
(ii) The patient discussed short- and long-term care insurance. <지연하이픈>
(iii) Local retailers need to hire more full-time and part-time employees.
(iv) Local retailers need to hire more full- and part-time employees.<지연하이픈>

언제 지연-하이픈을 사용할 것인가에 대한 몇 가지 큰 일반화가 있다.

1. 반복적으로 계속되는 단어와 접미사가 뒤따라 올 때

(i) The left-handed and right-handed artists were equally talented.
(ii) The left- and right-handed artists were equally talented. <지연하이픈>
(iii) The coach was wary of signing a contract with the accident-prone and injury-prone player. <사고도 잘 내고 부상도 잘 입는 선수>
(iv) The coach was wary of signing a contract with the accident- and injury-prone player.(accident-prone and injury-prone player)

2. 지연-하이픈은 첫 단어나 접두사가 반복되어도 사용할 수 있다.

(i) An award was given to the worst-looking and worst -sounding garage band. (worst-looking and worst-sounding garage band)

(ii) An award was given to the worst-looking and -sounding garage band. <지연하이픈>

(iii) The start-up produced the highest-priced and highest-rated dog food on the market.

(iv) The start-up produced the highest-priced and -rated dog food on the market. <지연하이픈>

3. 지연-하이픈은 하이픈 없는 복합어와도 함께 사용할 수 있는데, 복합어가 선행하든 후행하든 사용할 수 있다.

(i) Shirt- and shoeless beachgoers swarmed the food truck. (shirtless and shoeless beachgoers)

(ii) The swimming department increased its lifeguard and -boat budget. (lifeguard and lifeboat budget)

Shoeless가 하이픈 없이 사용되었으나, shirtless와 결합하여, shirt 뒤에 하이픈을 넣고 하이픈이 없는 shoeless와 결합하였다. 즉, '-less'라는 접미사가 따라올 것을 보류시킨 shirt-가 사용되었다. 지연하이픈 뒤에 있는 것을 동시에 뒤에 따라오는 단어 lifeboat가 하이픈 없는 lifeguard와 결합하면서 -boat 앞에서 하이픈이 들어가서 지연하이픈이 되었다.

4. 철자화된 숫자나 수사 (numerals)도 지연-하이픈이 사용할 수 있다.

(i) All the first- and second-grade students gathered for recess. (first-grade and second-grade students)

(ii) The bank offers 15-, 20-, and 30-year mortgages. (15-year, 20-year, and 30-year mortgages)

5. 반드시 지연-하이픈을 사용해야 하는 것은 아니다. 보다 명확한 의사전달이 필요할 때는 반복된 복합어를 사용해도 상관없다.

(i) The architect has designed one-story and twenty-story buildings.

(ii) The architect has designed one- and twenty-story buildings. <지연하이픈>

(iii) The gardeners discussed high-maintenance and low-maintenance flowers.

(iv) The gardeners discussed high- and low-maintenance flowers.<지연하이픈>

구두점의 중요성은 이미 목숨을 구할 수도 있었던 사례를 제시하고 설명하였다. 따라서 학술적 글쓰기 같은 쓰기교육에서는 반드시 구두점 교육을 해야 한다.

(v) My roommates wants to be hard-working and -playing student.

Chapter 18

언어는 마음의 등불

알아두면 유용할 언어에 대한 현자들의 유명속담과 격언모음을 알아보자.

이 장에서는 언어-영어에 관한 흥미로운 격언 혹은 인용구를 소개하고자 한다. 이런 격언(유명 문귀)들은 알아두면 글로벌한 세상살이에 꽤 유용할 것이다.

Famous Quotes about language and communication

(1) "Language is a process of free creation; its laws and principles are fixed, but the manner in which the principles of generation are used is free and infinitely varied. Even the interpretation and use of words involves a process of free creation."(by Noam Chomsky)

언어는 자유로운 창조의 과정이다. 법칙과 원리는 정해져 있으나 생성원리의 방식은 자유롭고 무한대로 변화무쌍하다. 심지어 단어의 해석과 활용은 자유로운 창조의 과정을 포함한다.(노엄 촘스키)

(2) England and America are two countries separated by the same language.(Bernard Shaw)

영국과 미국은 하나의 동일한 언어로 나뉘어져 있는 두 개의 나라이다.(버나드쇼)

(3) To have another language is to possess a second soul.(Charlemagne)

외국어를 할 줄 아는 것은 두 번째의 영혼을 가지는 것과 같다.

(4) I learned English by going to America and marrying an Englishman who didn't speak French. That helped.(Catherine Deneuve)

나는 미국에 가서 불어를 모르는 영국 남자와 결혼을 함으로써 영어를 배웠다.(까뜨리느 드느브, 프랑스 영화배우)

(5) We don't speak the same language.

우린 같은 언어를 말하지 않는 것 같습니다. (서로 전혀 소통이 안될 때 사용하는 말)

(6) If you talk to a man in a language he understands, that goes to his head.

If you talk to him in his language, that goes to his heart"(Nelson Mandela)

만일 당신이 상대방이 이해하는 언어로 말했다면, 그 말은 그의 머리속에 박힐 것이나, 당신이 그 사람의 모국어로 말했다면 그것은 마

음속에 박힐 것이다.(넬슨만델라)

(7) Language is the road map of the culture. It tells you where its people come from and where they are going.(Rita Mae Brown)

언어는 우리문화의 로드맵이다. 그 문화 사람들이 어디서 왔는지, 그리고 어디로 가는지를 알려준다.(리타메이 브라운)

(8) Knowledge of Languages is the doorway to wisdom.(by Roger Bacon)

언어지식은 지혜로 통하는 관문이다.(로져 베이컨)

(9) French is the language that turns dirt into romance(Stephen King)

불어는 쓰레기를 로맨스로 바꾸는 언어다.(스티븐 킹)

(10) The limits of my language is the limits of my world.(Ludwig Wittgenstein)

내 언어의 한계는 나의 세상의 한계이다.(루드윅 위트겐스타인)

(11) The most important thing is hearing what isn't said.(Peter Drucker)

가장 중요한 점은 말해지지 않은 것을 듣는 것이다.(피터 드러커)

(12) We are a unique ape. We have language. Other animals have

systems of communication that fall far short of that. They don't have the same ability to communicate complicate conditionals and what-ifs and talk about things that are not present.(Richard Dawkins)

우리 인류는 매우 독특한 원숭이이다. 우리는 언어를 가지고 있는데, 다른 동물들도 커뮤니케이션 방식은 있으나, 인간들이 가진 언어에는 훨씬 못 미친다. 동물들은 복잡한 조건문도 말할 수 없고, 현실에서는 존재하지 않는 사물에 대해 "만일…하다면" 같은 가정적인 말도 할 수 없다.(리챠드 더킨즈)

(13) Language can be a way of hiding your thoughts and prevent communication.(Abraham Maslow)

언어는 우리의 생각을 감추고, 의사소통을 방해하는 한 가지 방법일 수 있다.(에브라함 매즐로우)

(14) Learning another language is not only learning different words for the same things, but learning another way to think about things.(Flora Lewis)

다른 나라말을 배운다는 것은 하나의 물체에 대해 다른 단어를 배운다는 말일 뿐만 아니라, 사물에 달리 생각할 수 있는 방식을 배운다는 말이다.(플로라 루이스)

(15) Kindness is the language which the deaf can hear and the blind can see.(Mark Twain)

친절함이란 농아자가 들을 수 있고, 맹인이 볼 수 있는 언어이다.(마

크 트웨인)

(16) He who does not love his own language is worse than an animal and smelly fish.(Jose Rizal)

자신의 모국어를 사랑하지 않는 자는 냄새나는 생선이나 짐승만도 못하다.(호제 리잘)

(17) Language is to the mind more than light is to the eye. (William Gibson)

언어와 우리의 마음을 생각해보면 빛과 눈의 관계와 같다.(윌리엄 멜깁슨)

(18) Language is the soul of intellect and reading is the essential process by which that intellect is cultivated beyond the commonplace experiences of everyday life.(Charles Scribner, Jr)

언어는 지식인의 영혼이고, 독서는 필수적인 과정이다. 그 과정 덕분에 지식인이 일상적인 매일의 경험을 초월하여 다듬어지고 육성된다.(챨스스크립너 주니어)

(19) English has been this vacuum cleaner of a language because of its history of meeting up with the Romans and then the Danes, the Vikings, and then the French and then the Renaissance with all the Latin and Greek and Hebrew in the background.(David Crystal)

영어의 역사를 생각해보면, 로마시대, 덴마크 인, 바이킹족, 그리고 불란서인들 그리고 르네상스때의 라틴어와 그리이스어, 히브리어등의 역사적 배경을 생각해보면, 영어는 진공청소기와 마찬가지였다. 뭐든 빨아들여, 영어가 풍부하고 흥미로운 언어가 되었다.(데이빗 크리스털)

(20) High thoughts must have high language.(Aristophanes)

고귀한 생각은 고귀한 언어를 갖고 있음이 틀림없다.(아리스토파네스)

(21) Language is the light of the mind(John S. Mill)

언어는 마음의 등불(존 밀)

(22) Learning another language is like becoming another person.(Haruki Murakami)

외국어를 배우는 것은 또 다른 사람이 되는 것과 같다.(하루키 무라카미)

(23) Those who know nothing of foreign languages know nothing of their own.(Johann Wolfgang von Goethe)

외국어를 모르는 사람은 자신의 언어도 모르는 것과 같다.(괴테)

(24) If the English language made any sense, lackadaisical would have something to do with a shortage of flowers.(Dough Larson)

(25) Although spoken English doesn't obey all the rules of written language, a person who doesn't know the rules thoroughly is at a great disadvantage.(Merilyn Savant)

비록 말이 문어의 모든 규칙을 지키지는 않는다하더라도, 규칙을 잘

모르는 사람은 큰 불이익에 처하게 된다.(메릴린 사반트)

(26) A man who knows two languages is worth two men.(French proverb)

두 개의 언어를 아는 사람은 두 명의 사람과 맞먹는다.(프랑스 격언)

(27) Most of the problems in life are because of the two reasons, we act without thinking or we keep thinking without acting.

우리 삶의 대부분의 문제는 두 가지 이유 때문인데, 하나는 생각하지 않고 행동하기 때문이거나 혹은 행동은 하지 않고 생각만 하기 때문이다.

(28) Silence is the strongest speech. Slowly and gradually the world will listen to you.(Mahatma Gandhi)

침묵은 가장 막강한 웅변이다. 천천히, 그리고 점진적으로 세상은 귀를 기울일 것이다 우리나라 속담 "침묵은 금이고 웅변은 은이다"와 비슷한 어감(마하트마 간디)

(29) I was trying to learn English and I was very worried about my accent. I'm sure I'll always have it but I remember Tom Hanks said to me, "Don't lose the accent. If you do, you're lost."(Antonio Banderas)

내가 영어를 배우고자 했지만, 내 영어에서 나의 외국인 말투가 평생토록 없어지지 않을까 걱정했다. 그런데, 내가 탐 행크스에게 그 말을 했더니, "당신의 외국인 액센트를 잃지 말아요. 만일 그 액센트가 없이

지면, 당신 자신도 없어지는 것이에요."라고 말했다.(안토니오 반데라스)

(30) Speaking English is like a tongue-twister for me. I can speak each word perfectly, but then you have to string them together, like "Blah, blah, blah." That's when I get crazy.(Jackie Chan, 홍콩 영화배우, 성룡)

영어로 말하는 것은 나에게 말꼬임과 같다. 각각의 단어를 완전하게 말할 수 있지만, 이 단어들을 묶어서 문장으로 말할 때 "... 어쩌구 저쩌구" 하는 것은 나를 완전 돌게 만든다.

그러니, 세계적인 유명 배우들도 자신의 영어가 모국어가 아닐 때 마음 고생을 한 게 분명하다. 역시 지금은 영어가 링구아 프랑카의 시대임이 틀림없다.

주요 참고문헌(Selected References)

주요 참고문헌(Selected References)

강준만. 2011. 강남좌파. 인물과 사상사. 서울.

강준만. 2014. 인문학은 언어에서 왔다. 일물과 사상사. 서울.

김양순, 홍성심, 손근원. 2011. Chomsky 언어학 이론의 기초: 인간정신과 언어. 도서출판 동인

백미현. 2018. 어원중심의 영어 어휘이해. 충남대학교 출판문화원

이현동. 2021. 국민캐릭터 펭수 음성 AI덕분에 영어선생님 됐다. (https;//www.donga.com)

최은경. 1998. 영어이야기 언어이야기. 한국문화사

홍성심. 2020. 통사문법지식이 '독서기계'에 미치는 영향과 중요성.『국제문화기술진흥원』. 6.4. (225-230)

홍성심. 2021. 구글기계발음번역에서의 구조적 중의성의 문제: 영어 사역명령문과 완료의문문의 사례.『현대영어영문학』.65.1. (171-190)

Foust, Robert. 2018.『외국어전파담』. 로버트 파우스트. 혜화 1117. 서울

Gooden, Philip. 2009.『세계사를 품은 영어이야기』. 서정아 옮김. 허니와이즈. 서울

Nolke, Marthias. 2010.『권력의 언어』. 장혜경 옮김. 갈매나무. 서울

Anderson, Stephen. 2010. How many languages are there in the world?. A paper uploaded in the homepage of Linguistic Society of America. http: www/lsadc.org

Ayto, John. 1990, 2011. *Dictionary of Word Origins*. Arcade Publishing. New York

Funk, Wlfred. 1978. *Word Origins and their Romantic Stories*. Bell. New York

Bauer, Laurie and Peter Trugill. 1998. *Language Myths.,* Penguin Books

Chomsky, Noam. 1986. *Knowledge of Language: Its Nature, Origin and Use*. New York: Praeger.

Chomsky, Noam. 1995. *The Minimalist Program*. Cambridge, MA: Massachusetts Institute of Technology Press.

Chomsky, Noam. 1998. Minimalist issues: The framework. *MIT Occasional Papers in Linguistics*, 15. Cambridge, Massachusetts.

Chomsky, Noam. 1999. Derivation by phase. *MIT Occasional Papers in Linguistics*. 18. MIT.

Chomsky, Noam. 2000. Minimalist inquiries. In *Step by Step: Essays on Minimalism in Honor of Howard Lasnik*. (ed.), Martin, R., D. Michaels, and J. Uriagereka, 89-155. Cambridge, Mass.: MIT Press.

Chomsky, Noam. 2004. Beyond explanatory adequacy. In *Structures and Beyond*. The cartography of syntactic structures, (ed.), Adriana Belletti, 104-131. Oxford: Oxford University Press.

Chomsky, Noam. 2005. Three factors in language design. *Linguistic Inquiry* 36:1-22.

Chomsky, Noam. 2006. Biolinguistic explorations: Design, development, evolution. Ms., MIT.

Choe, Sang-Hun, 2021. "Election Rout signals a shift in South Korea's Political Scene" appeared in New York Times, also YouTube video footage.

Chun, Joo Hyun and Sungshim Hong. 2017. Prescriptive Grammar vs Descriptive Grammar, and a linguistic battle between Grammars. *The Mirae Journal of English language and literature* 22.4: 83-103

Crystal, David. 2002. *The English Language: A guided tour of the language*. 2nd edition. Penguin Books.

Culicover, P. 1997. *Principles and Parameters: An Introduction to Syntactic Theory*. Oxford: Oxford University Press.

Curzan, Anne. 2014. What makes a word real? in Youtube. https://www.youtube.com/watch?v=F6NU0DMjv0Y

Davidson, J. P. *Planet Word*. Penguin, 2011

Emonds, Joseph. 1976. *A Transformational Approach to English Syntax*. Academic Press.

Fink, Wilfred. 1978. *Word Origins and their Romantic stories*. Bell Publishing Company. New York

Fukui, N. 1992. The principles & parameters approach. A Comparative Syntax of English and Japanese. Ms., University of California at Irvine.

Gelderen, Elly van 2000. *A History of English Reflexive Pronouns: Person, Self, and Interpretability*. John Benjamins Publishing Company

Gooden, Philip. 2009. *The Story of English: How the English Language Conquered the World* Quercus

Gooden, Philip. 2011. The story of English: How the English language conquered the World. Quercus Publishing. ISBN 973-08597383280

Haegeman, Lillian. 1994. *Introduction to Government and Binding Theory*. Cambridge, Massachusetts: Blackwell Publishers.

Hale, Ken. and J. Keyser. 1993. On argument structure and the lexical expression of syntactic relations. In K. Hale and J. Keyser (eds.), *The View from Building* 20. Cambridge, MA: Massachusetts Institute of Technology Press.

Hong, Sungshim and Chun Joo Hyun. 2018. Taxonomic disputes over the categorical nature of BECAUSE and subordinators. *Korean Journal of English language and Linguistics*. 18.3: 260-281

Hong, Sungshim and Dennis Emmerson (2020) Types and Functions of Code-Switching: A case study of Korean-Canadian bilinguals in a Canadian sit-com, Kim's Convenience. Asian Journal of Canadian Studies. 26.1:95 - 118

Hong, Sungshim 2020. The Codeswitching of Kinship words in Ethnic Sitcoms. The Korean Associations of Canadian Studies, read at KACS conference (zoom-based webinar)

Hornstein, N. 1995. *Logical Form: From GB to Minimalism*. Oxford and Cambridge, MA: Blackwell.

Hornstein, N, J. Nunes, and K. Grohmann. 2005. *Understanding Minimalism.* Cambridge, Cambridge University Press.

Jakendoff, Ray. 2006. How did Language begin, a Paper uploaded in the Homepage of Linguistic Society of America. http: www/lsadc.org

Jesperson, Otto. 1935. *Essentials of English Grammar*. London: George Allen and Unwin.

Kang, Hyun-sook. 2012. English-only at Korean University: Help or Hindrance to higher learning. *Language Teaching.* Cambridge Journals

McCawley, J. 1988. The syntactic phenomena of English. Chicago: University of Chicago Press.

Radford, A. 1988. *Transformational Grammar: A First Course*. Cambridge University Press.

Radford, A. 1997. *Syntactic Theory and the Structure of English.* Cambridge University Press.

Radford, A. 2009. *An Introduction to English Sentence Structure*. Cambridge University Press, New York.

Radford, A. 2018. *Colloquial English*. Cambridge University Press.

Sportiche, D., H. Koopman, and E. Stabler. 2014. *An Introduction to Syntactic Analysis and Theory*. Blackwell.

Sproat, R. 1985. Welsh syntax and VSO structure. *Natural Language and Linguistic Theory* 3:173-216.

Stockwell, Robert and Donka Minkova. 2005. *English words: History and Structure.* Cambridge University Press

Wolchover, Natalie, 2011, The Original Human Language Like Yoda Sounded, provided by *Life's Little Mysteries*.

Yang, Changyong, Yang, Sejung, O'Grady William. (2019) *Jejueo: The Language of Korean's Jeju island*. Honolulu, Hawaii: University of Hawaii Press. ISBN9780824874438

Major on-line Resources, Talks, and Dictionaries

Collins on-line Dictionary. http://collinsdictionary.com/resources

Education First. http;//education-first.com (2019, 2020)
Merriam-Webster Dictionary (Internet-edition); http://www.merriam-Webster.com
New York Times: https://www.nytimes.com
Oxford Learner's Dictionaries. http://www.oxfordlearnsdictionaries.com
On-line Etymology Dictionary. http://www.etymoline.com
Questions of English. 1994. The Oxford Dictionaries Team, Oxford University Press.
Quora: https://www.quora.com

TED Talks sources

Anne Curzan. 2014. What make a word real. http://www.youtube.com
McWhorter, John. Txting is killing language, JK. http://www.youtube.com

링구아 프랑카, 영어의 비하인드 스토리

글로비쉬의 필수 1500단어 목록

글로비쉬의 필수 1500단어 목록

a	"a" before a noun ("an" if the noun begins with a vowel)
able	having the necessary power
a**bou**t	having to do with
a**bove**	Overhead
ac**cept**	to receive or to take something given
according (to)	as stated by
a**ccount**	a list of money operations
a**ccuse**	charge with having done something wrong
a**chieve**	to succeed
a**cross**	to the opposite side
act	process of doing something
ad**apt**	make fit for
add	to put with
ad**mit**	to permit to enter, to accept
a**dult**	one who is of legal age
ad**ver**tisement	to give public notice (press, radio, TV, web, roadside)
ad**vise**	to give advice
af**fect**	to have an effect upon

af**raid**	filled with fear
after	behind, next to, later in time
a**gain**	once more
a**gainst**	in an opposite direction to
age	time of life
agency	a business or service acting for others
a**go**	gone by, past
ag**ree**	have the same opinion
a**head**	in a forward direction
aid	to help
aim	to direct, a purpose
air	gases that surround the earth
a**live**	having life
all	the whole of
a**llow**	to permit
a**lly**	to unite or join for a purpose
almost	nearly, not quite
a**lo**ne	apart from other people
a**long**	on, with a forward motion
al**rea**dy	by this time
also	in addition, besides
al**though**	even if
always	every time, continuously
a**mong**	in the middle of
a**mount**	a total
and	used to connect words or sentences
anger	strong feeling of displeasure
angle	space between two lines extending from the same point
an**nou**nce	make known
a**noth**er	some other
answer	words in return to a question
any	one out of many

apartment	a series of connected rooms, a flat
a**po**logize	to express regret
ap**pea**l	make a request
ap**pea**r	to come to be seen
apple	a round fruit
ap**ply**	to ask formally for something (such as a job, an admission to school, a loan)
ap**poi**nt	to name to a position
ap**pro**ve	to agree with something or somebody, to okay
area	a space
argue	to discuss with someone who disagrees
arm	human upper body part, weapon
army	a group of people armed for war
a**roun**d	on all sides
ar**rest**	to seize or hold by legal authority
ar**rive**	to come to a place
art	the creation of beautiful or important things
as	to the same degree
ask	to put a question to
as**sis**t	to help
at	near to, by, in
at**tach**	to join one thing to another by some means
at**tack**	to set upon with force
at**tem**pt	to make an effort at
at**ten**d	to be present at
at**ten**tion	a mental effort toward one thing
au**tho**rity	the power to enforce something on someone
auto**ma**tic	acting or operating by itself
autumn	the season between summer and winter, the fall
a**vai**lable	for use by someone
average	usual quantity
a**void**	to keep away from

a**wa**ke	to stop sleeping
a**ward**	to give for high performance or quality
a**way**	at a distance from a given place or position
baby	a very young child
back	1°opposite of "front" 2°return
bad	not good
bag	a soft container with a single opening
balance	equality between two parts or two quantities
ball	a round object used in games
ballot	a paper used to vote
ban	forbid by law or authority
bank	a place where one can borrow money
bar	long piece of solid material, a place where one can buy and enjoy drinks
barrier	a structure to block a way
base	the lowest material
basket	a small container
bath	large container used to wash the body
battle	a fight between armed forces
be	describes the quality of being
bear	to carry, to support
beat	to strike with force more than once
beauty	quality that gives pleasure to the senses
be**cau**se	for the reason that
be**co**me	to grow or come to be
bed	anything to sleep on
beer	a drink which is made from malt and flavored with hops
be**for**e	earlier
be**gin**	to do the first step of an action
be**hin**d	at the back
be**lie**ve	to accept as true or real
bell	an object that made a warning sound when struck

be**long**	to be the property of
be**low**	in or to a lower place
bend	opposite of straighten
be**side**	at the side of
best	most excellent
be**tray**	to be disloyal
better	higher in quality
bet**wee**n	in the space or time separating
big	of great size
bill	a statement of charges
bird	a flying animal with wings
birth	the act of being born
bit	a small quantity
bite	to cut into or off with the teeth
black	opposite to white
blade	cutting part of anything like a knife
blame	to hold responsible, to express disagreement
blank	surface not written or printed on
blanket	bedding that keeps a person warm in bed
bleed	to lose blood
blind	not able to see
block	A solid piece of material such as rock or wood that has flat sides and is usually square or rectangular in shape
blood	the red fluid which the heart sends to all parts of the body
blow	to move as the wind does
blue	a color like that of a clear sky
board	a flat piece of wood to sleep and take meals (at)
boat	a small open floating structure to travel on water
body	the whole material part of a human being
bomb	a weapon dropped on a target
bone	material that makes up the skeleton
bonus	an extra amount of money given to an employee

book	printed material with pages between covers
boot	shoe that covers the whole foot and lower leg
border	line separating two countries, properties, or subjects
born	brought into existence
borrow	to get from someone and be returned
boss	a person who exercises control over employees
both	two together
bottle	a glass or plastic container that has a narrow neck with no handle
bottom	the lowest or deepest part
box	a container, often with a cover
boy	a male child
boycott	to refuse dealing with, as a way of protest
brain	the organ of the body in the head, for the exercise of emotion and thought
brake	a device for slowing or stopping motion
branch	a division of something
brave	controlling one's fear when facing a danger
bread	common food made from wheat
break	to cause to come to pieces
breathe	to get air in and out of one's chest
brick	a block of hard material used in building
bridge	a structure to pass over a waterway, or another road
brief	to inform or the state of being short
bright	shining or being brilliant
bring	take something or somebody with oneself to a nearer position
broad	wide
broadcast	to send on by radio or television
brother	a male person having the same parents as another
brown	a color similar to that of dark wood or earth
brush	a tool with hair firmly set into a handle for cleaning

budget	a plan for meeting costs
build	make by putting materials together
bullet	a piece of metal to be shot from a gun
burn	to be or set on fire
burst	to force open or fly apart suddenly
bury	to place in the ground
business	a company, a professional activity
busy	actively at work
but	however
butter	a yellowish fat food made from milk
button	a small disk on a piece of clothing to keep it closed
buy	to purchase by giving money
by	by means of
cabinet	piece of furniture to store things
call	a loud cry often in protest, opposition, or when asking for an answer
calm	quiet or serene
camera	equipment for taking pictures
camp	a shelter for a short time
cam**pai**gn	a series of actions taken to get something done
can	a metal container; to be able to
cancel	to suppress; to cause something to end
capture	to take by force
car	an automobile
card	a small flat piece of thin cardboard
care	serious attention
carriage	an outdated four-wheel vehicle
carry	to take from one place to another
case	an example, a container like a can of tuna
cash	money in the form of paper-bills or metal coin
cat	a small family animal
catch	to capture

cause	a reason
celebrate	to observe an event with ceremonies
cell	a small material of a whole, a device for storing electricity
center	a middle point
century	a period of 100 years
ceremony	a formal set of acts done according to custom
certain	definite, sure
chain	any series of things
chair	a seat with a back
chairman	one that holds first place, the officer who presides the meeting
challenge	an invitation to compete, to debate a point of view
champion	an active supporter
chance	a possibility due to a good combination of conditions
change	to make different; the money received when what you give is too high
channel	a body of water joining two larger ones, a television broadcasting station
character	combination of qualities of a person
charge	to ask as a price; to accuse
chart	a map; a display of information
chase	to go after to try to catch
cheap	not dear (in terms of money)
check	to prove true or right
cheer	shout of approval
cheese	food made from milk
chemical	dealing with the composition of substances and their properties and reactions
chest	the part of the body between neck and stomach
chief	a person who is in charge and gives orders to others
child	a young person, not an adult
choose	select among others

church	a building for religious meetings
circle	a round line always at the same distance from a central point
citizen	a person belonging to a nation
city	a large town
ci**vi**lian	a person in civil life, not in the armed forces
claim	to demand as one's due
clash	make or cause to make a loud sound
class	a group of students working together
clean	not dirty; to make clean by removing dirt
clear	easy to see through
climate	the weather of the place
climb	to go upward with continuous progress
clock	an instrument showing time
close	to cause to stop operation, to suppress an opening (door, window…)
cloth	fabric material, textile
cloud	a white or gray natural body moving by the wind in the sky
coal	a black substance used as natural fuel
coast	the land next to the sea
coat	a warm article of clothing covering the whole body, worn outside
code	a set of laws or rules
cold	opposite of hot
col**lect**	to get or gather together
college	an organization of higher learning
colony	a group of people who settle far from their parent country
color	A quality such as red, blue, green, yellow etc, that you see when you look at something
com**bine**	to put or add together
come	to move toward, travel toward

comfort	a state of being calm and feeling no pain
com**mand**	orders(s) to do something
comment	a statement that expresses a personal opinion
com**mi**ttee	a group to perform a job
common	belonging to a community as a whole
com**mu**nicate	to give and receive information
com**mu**nity	a group of people living in the same area
company	a business organization; a person who is frequently with another
com**pare**	to examine similarities and differences
com**pe**te	to measure oneself against others
com**ple**te	having all necessary parts
compromise	a middle way between two extremes
com**pu**ter	a data storing and processing machine
con**cern**	something that interests you; to be on the mind of
con**demn**	to express strong disapproval of
condition	the state in which a person or thing is, at a given moment
conference	a meeting
con**fir**m	to establish or support with new evidence or fact
con**gra**tulate	to express pleasure at someone's success
congress	a meeting of representatives
con**nect**	to join or link
con**si**der	to examine
con**sum**ption	the act of buying goods or services
contact	when surfaces, points, or people join
con**tain**	to have within
continent	one of the main land parts of the earth
con**tin**ue	to keep up
con**trol**	to exercise authoritative power over
cook	to get food ready for eating by heat
cool	the quality of being at a pleasant low temperature
co**o**perate	to work together

copy	a totally similar thing
cork	used to stop a bottle
corn	a tall annual cereal grass, yellow vegetable
corner	point where lines or surfaces meet
cor**rect**	free from mistakes
cost	the price which one has to pay
cotton	soft white vegetable used in making clothing
count	the act of counting; the total number counted
country	a large area outside towns; territory occupied by a nation
course	series of studies
court	a place where justice is given
cover	to put something over so as to protect
cow	a female bovine animal giving milk
crash	a loud repeating noise
cre**ate**	to cause to exist
credit	money that one can borrow
crew	a team of employees
crime	an act that is against the law
crisis	a difficult turning point
cri**te**ria	a basis for comparison
criticize	to find something wrong with
crop	what plants provide
cross	to go across
crowd	a large number of people together
crush	to press with violence
cry	to make a sound that shows pain, fear
culture	beliefs, arts, thoughts, etc of a particular society
cup	a small, open container with a handle for drinking
cure	to bring back to health
current	belonging to the present time
custom	a usual practice
cut	the act of reducing the amount or number; to separate with

	a sharp instrument
damage	the occurrence of a change for the worse
dance	to move according to music
danger	the condition of being harmed or injured
dark	no light, lacking light
date	the day of the month
daughter	a female human child
day	a 24 hour period or between sunrise and sunset
dead	no longer living
deaf	unable to hear
deal	the act of buying or selling
dear	in a close or affectionate relationship
de**ba**te	to discuss reasons for or against
debt	something owed
de**ci**de	to settle a problem for good
de**cla**re	to make known formally
de**crea**se	change to a lower degree
deep	extending far down
de**feat**	to win victory over
de**fend**	to protect from danger or attack
de**fine**	to tell the main quality of, to explain what it is
de**gree**	a position on a scale of intensity
de**lay**	to act later than planned
delicate	pleasing and easily damaged
de**li**ver	to bring to a place where it is supposed to go
de**mand**	to ask with authority
demonstrate	to establish that something is correct or true
den**oun**ce	to speak out against
de**ny**	to declare untrue
de**par**ture	the act of going away
de**pend**	to count on, as for support
de**ploy**	to spread out

de**pre**ssion	the state of being sad
des**cri**be	to tell about
desert*	a dry area without trees
de**sign**	a drawing plan
de**sire**	to wish strongly for
des**troy**	to ruin
detail	an individual part of a whole
de**ve**lop	to bring, grow to a more complete state
de**vi**ce	machine or thing used for a definite purpose
die	to stop living
diet	a choice of food
differ	to be different
difficult	hard to do or to understand
dig	to make a hole in the ground
dinner	a main meal in the evening
diplomat	a person representing a party/nation to another party/nation
di**rect**	to set a line of action; to send (someone or something)
dirt	dust, earth, anything of this nature
disap**pear**	to pass out of existence or not to be seen any longer
dis**co**ver	to arrive at through search and study
dis**cuss**	to talk over
dis**ease**	illness
disk	a round, thin, flat object
dis**miss**	to send away
dis**pute**	to argue
distance	separation in space or time
di**vi**de	separate into parts
do	to carry out, to perform; used as an auxiliary for verbs
doctor	a person qualified to treat diseases
document	a paper with information on it
dog	a common animal

door	for closing up an opening in a building or a room
doubt	not to believe
down	to a lower position
drain	a pipe for carrying water or other liquid
draw	to pull
dream	a series of pictures or ideas in the mind during sleep
dress	a piece of clothing for women or girls
drink	to take in liquids
drive	to operate a vehicle
drop	a small, rounded body of liquid; to let something fall down
drug	a medicine
dry	free from liquid
during	through the period
dust	fine dry earth, any fine powder
duty	the thing that a person has to do
each	every single one considered individually
ear	body part for hearing and balance
early	near the beginning
earn	to gain as a result for one's labor
earth	the globe on which we live, the soft material on which plants grow
east	opposite to west, the region where the sun rises in the morning
easy	not difficult to do
eat	take food into the mouth and swallow it
edge	the limit of a surface
edu**ca**tion	a development by training, study or experience
eff**ec**t	whatever is produced by a cause
effort	the use of physical or mental energy
egg	given by birds, also used as a food
either	one or the other

el**as**tic	having the quality of springing back
elect**ri**city	a flow of electrons
element	a small material quantity of something
else	other than what is under consideration
embassy	a diplomatic building in a foreign country
e**mer**gency	something sudden and unexpected demanding immediate action
e**mo**tion	a strong feeling
empl**oy**	to put into service
empty	containing nothing
end	bring to a halt
enemy	a person or group that hates and fights another
en**for**ce	to make sure the law is observed
engine	a machine that can start others moving
en**joy**	to experience a feeling of pleasure
en**ough**	as much or as many as needed
enter	to come or go into
enter**tain**	to hold the attention of
en**vi**ronment	all the surrounding conditions that affect a living thing
equal	to be identical
e**quate**	to consider as identical
e**qui**pment	instrument(s) needed to perform a service
e**ra**se	to remove
es**cap**e	to run away from a danger or a prison
es**pe**cially	in a special way
es**ta**blish	to set up permanently
estimate	a rough amount
ethnic	of a given race or social group
e**va**porate	to change a liquid into a gas
even	flat, smooth surface; at the same level
ev**ent**	a happening
ever	at any time

every	each and all
evidence	data on which a proof can be based
evil	morally wrong, bad
ex**act**	complete agreement with reality
ex**am**ple	a representative of one group
ex**cept**	not included
ex**chan**ge	to give to, and receive from one another
exc**use**	to forgive, give a reason
execute	to carry out, to perform
exercise	systematic training
exist	to be or live
exit	the act of going out
exp**and**	to extend in one or more directions
exp**ect**	to consider something as probable
ex**pense**	money spent
ex**pe**rience	the quantity of knowledge or skill that results from direct activity
ex**pe**riment	a test to find out something
expert	a person highly knowledgeable
ex**plain**	to make clear, to make plain
ex**plo**de	to burst or cause to burst suddenly and violently
ex**plo**re	to go or travel for the purpose of finding out about
export*	to sell out of one country for use in another
ex**press**	to put into words
ex**tend**	to stretch out
extra	added to a regular quantity
ext**rem**e	of the greatest possible degree or intensity
eye	body part by which we see
face	the front part of the head
fact	an event known to have happened or something known to have existed
factory	a building in which goods are manufactured

fail	an action that does not reach success
fair	free from self-interest
fall	to drop from a higher position
false	not true
family	mother, father, and their children
famous	widely known and valued
far	at a great distance
fast	acting or moving quickly
fat	oily substance formed in the bodies of living creatures
father	a male parent
fear	being afraid
feather	covering of the birds
feature	structure, appearance, form of someone or something
feed	to give food
feel	to touch, to experience an emotion
female	a woman or girl, or the equivalent in animals
fertile	able to reproduce
few	not many, a rather small number
field	a piece of land, an area
fierce	marked by extreme and violent energy
fight	an intense dispute
figure	a number or a written thing other than a letter
file	a place for keeping papers in order
fill	put into until there is room for no more
film	motion picture
final	at the end of a process
fin**an**ce	the management of money
find	discover the existence, presence or fact
fine	satisfactory
finger	one of the five end members of the hand
finish	to bring to an end, to complete a job
fire	to shoot with a firearm; to lay off an employee

firm	not soft, resisting pressure; company, business
first	coming before all others
fish	a water animal
fist	the hand closed firmly
fit	to suit
fix	to repair
flag	a piece of cloth used as a symbol of an organization
flat	a series of rooms in an apartment house; an even smooth surface
float	to be suspended on water, in space
Floor	the inside lower surface of a room
flow	to move in or as if in a liquid
flower	the brightly-colored part of plant
fl**u**id	a substance that flows easily
fly	move through the air with wings
fog	a cloud of fine drops of water above the earth's surface which limits what one can see
fold	to bend or lay so that one part covers the other
follow	to come or go after
food	material taken to keep up life and growth
fool	a person without sense
foot	the end part of the leg
for	1°in place of, representing…etc 2° during
for**bid**	to order not to do something
force	to press someone or something to do something
foreign	having to do with other countries
forest	large area of land covered with trees
for**get**	to be unable to remember
for**give**	to excuse for an offense
form	1° the shape of a body 2° a printed document with spaces in which to write
former	the first of two

forward	in the direction of a position ahead
frame	a supporting structure over which something is built
free	able to act at will
freeze	to turn into ice
fresh	new, not old
friend	a person one likes
frighten	to cause fear
from	a lower limit, a cause.
front	the forward part of a thing or of a living creature
fruit	the usual product of plants, the result of an effort
fuel	anything burned to provide heat or energy
full	containing as much or as many as is possible
fun	pleasant activity
future	the time yet to come
gain	to win something through one's efforts
gallon	3.785 litres (US) / 4.545 litres (UK)
game	a sport or pastime
gang	a group of people acting or going around together
garden	land used for growing vegetables or flowers
gas	any fluid substance that can expand without limit
gather	to bring or come together
general	concerning all
gentle	kind, soft, pleasant
get	to find, to buy; to become; to move
gift	something given
girl	a female child or young woman
give	to pass a possession to somebody without money
glass	mineral material that one can see through
global	of the earth as a whole
go	move along
goal	a purpose
god	He who (is believed to have) created everything

gold	a yellow and very precious dear metal
good	having the right qualities
govern	to exercise authority on
grass	small green plants with narrow leaves
gray (grey)	the color made by mixing black and white
great	extremely large in size or number or extent
green	the color of most plants and leaves
ground	the solid material of the earth's surface
group	a number of individuals or things with similarities
grow	to increase in size
guarantee	to admit responsibility
guard	a person who watches; a device designed to prevent injury
guess	to form an opinion without really knowing
guide	a person or thing that shows the way
gu**il**ty	responsible for or having done an act against the law
gun	a weapon with a metal tube to shoot bullets
guy	a familiar term for a youth or a man
hair	growing from the skin of humans and animals
half	one of two equal parts
halt	a stop of movement
hand	the end part of the arm
hang	be suspended
happen	to take place
happy	enjoying pleasure or good luck
hard	strong, resisting weight or pressure
harm	damage, injury, to hurt another person
hat	a covering for the head
hate	a feeling of dislike so strong that it demands action
have	to possess, to hold
he	third person male pronoun
head	the top part of the human body; to start to one direction
heal	to bring back to health

health	general condition of body and mind
hear	to understand with the ears
heart	the part of the body which moves the blood through the body
heat	the quality or state of being hot
heavy	having great weight
help	assistance or support to someone
her	an accusative/object form of "she"
here	the present location
hide	to place where it can't be seen
high	far above the ground
hijack	to seize control of a vehicle
hill	a very small mountain
him	a form of "he"
hire	to employ someone for work
his	belonging to him
history	a record of past events
hit	a physical contact of one thing with another
hold	to have possession, or ownership, to keep
hole	an opening into or through something
holiday	a day on which work is suspended by law or custom
hollow	an empty space inside something
holy	belonging to or coming from God
home	the place where one lives
honest	of one who respects the laws and does not rob others
hope	expectation that what one desires will happen
horrible	an intense feeling of fear, terror
horse	a large animal for riding or carrying loads
hospital	organization providing treatment for the sick and injured
hostage	a person held to make sure that another party will meet demanded terms
hostile	very unfriendly

hot	opposite of "cold"
hour	a unit of time measuring 60 minutes
house	four walls and a roof for a family to live in
how	in what way
however	despite anything else
huge	unusually large
human	relating to a person
humor	the quality of seeing the funny side of things
hunger	a strong desire or need for food
hunt	to catch or kill animals for food or sport
hurry	to move or cause to move with speed
hurt	cause pain, or damage
husband	a married man
I	pronoun used for the speaker
ice	frozen water
id**e**a	a thought
i**den**tify	to establish the identity of
if	used to express a condition
ill	not well, having some disease
i**ma**gine	to picture in one's head
import*	to bring in from a foreign country
im**por**tant	meaning much
imp**ro**ve	to make or become better
in	to or toward the inside of
inch	a unit of length
incident	a single event
in**clu**de	to consider as part of something
increase*	to make or become greater
indep**en**dent	free from any control
indicate	to point out
indi**vi**dual	a single thing or person
industry	the manufacturing of goods

in**fect**	to communicate a disease to
influence	a power affecting a person or events
inf**or**m	to give knowledge, or facts or news
inj**ect**	to force a fluid into
injure	to hurt
innocent	free from wrong doing
ins**ane**	person with mental disorder
insect	a very small animal with six legs
ins**pect**	to look over carefully
inst**ead**	in place of someone or something
insult*	an offensive remark
in**su**rance	protection against future damage or loss
in**te**lligence	the ability to get and use knowledge; secret information
int**en**se	being of a very high degree
interest	a feeling of wanting to know
inter**fe**re	to come between so as to be in the way
inter**na**tional	between or among nations
into	motion to a point within something
in**va**de	to enter by force in order to get by fighting
inv**ent**	to make for the first time ever
in**vest**	to buy something that is expected to produce a profit
in**ves**tigate	to search into carefully
in**vi**te	to ask to come to some place
inv**ol**ve	to carry out an activity; be involved in it as a member of a team
iron	a grey metallic element
island	a piece of land surrounded by water
issue	a point of discussion
it	the thing named
item	a single unit
jacket	piece of clothing for the upper part of the body
jail	a prison

jewel	a valuable stone
job	work
join	to put together
joint	a point at which two things are joined
joke	a fun story
joy	a strong feeling of pleasure
judge	public official who decides cases in a court of law
jump	to move forward by a long and high step
jury	a group of persons chosen to judge
just	honorable and fair
keep	to continue a certain state, condition, or activity
key	an instrument that locks and unlocks
kick	to strike out with the foot
kid	a child
kill	to put to death
kind	showing a helpful and considerate nature
king	the male ruler of a nation
kiss	to touch with the lips as an expression of love or kindness
kit	a set of materials
kitchen	a room in which food is cooked
kn**i**fe	a cutting blade with a handle
know	to have information about
labor	the effort in doing something, work
laboratory	a place for scientific research or equipment
lack	to have less than enough
lake	a large body of fresh water surrounded by land
land	the solid part of the earth's surface
language	human speech to communicate with sounds
large	of more than the usual size, number, quantity
last	to continue to live; coming after all others
late	coming after the expected time

laugh	to make sounds showing happiness
law	a country's body of rules
lay	to place in a position of rest
lead	to take somebody to some place
leak	an accidental hole that lets a fluid out
learn	to gain knowledge
least	what is less important than anything else
leave	to go away
left	side that is toward the west when main side faces north
leg	a member used to support the body
legal	based upon law
lend	to let others have or use for a time
length	the measure of something along its greatest extent
less	not as great in amount or degree
let	to allow
letter	a sign that represent speech sound, a piece of mail
level	position
lie	a statement that is not true
lie	to be in a position that is parallel to the ground
life	the condition of living or the state of being alive
lift	to raise in a higher position
light	that by which we see
like	to find pleasant or agreeable
limit	the point or line where something ends
line	a long narrow mark
link	one element of a chain
lip	either of the two edges of the mouth
liquid	a substance that flows freely like water
list	a written list of things
listen	to make an effort to hear something
little	small in size, opposite of much
live	to have life, to exist,

load	to fill or place a load on
loan	the act of lending
local	a limited place
lo**cate**	to find the position of
lock	to keep from being entered into or taken our or away
log	a section of tree as it comes from the tree
lone	feeling oneself alone
long	measuring much
look	to use one's eyes to see, physical appearance
loose	not attached
lose	to be unable to keep
lot	a large number or amount
loud	intensity of sound
love	great attachment
low	not high or tall
luck	chance
mail	things and messages sent by post or internet
main	most important
major	of greater importance
make	to execute, to do
male	a man or a boy
man	an adult person who is male
manu**fac**ture	make by hand or by machine
many	in great number
map	a written picture of an area of the earth
march	to walk as soldiers
mark	a sign made on an object
market	a place for people for buying and selling
marry	to join as a husband and wife
master	person having control over others
match	a competition; a thin piece to light a fire
Ma**te**rial	substance used to make up an object

matter	Substance; subject of action or concern
may	to allow; make something possible 3°in relation to something which could possibly happen
mayor	the person at the head of a city, town, village
me	an object form of "I"
meal	food served in one sitting
mean	express, average (adj), to have a sense
measure	to find out the size, the quantity, etc ..
meat	animal parts used as food
media	a means for communicating
meet	to come face to face
member	one of the persons or things that make up a group
memory	the store of things one can remember
mental	having to do with the mind
mercy	more kindness than justice requires
message	a communication from one person to another
metal	a substance that is hard and usually shiny
method	a way of doing something
middle	in the center
might	possibility, power, to express a wish or a permission
mile	a unit for measuring distance
military	having to do with soldiers
milk	a white liquid produced by female animals
mind	the seat of reason; to pay close attention to
mine	belonging to me, a hole in the earth; a bomb
minister	a person taking part in the charge of a government
minor	lesser in amount, size, or importance
miscel**la**neous	formed of different things or parts
miss	to fail to hit
mis**ta**ke	something done that is not correct or exact
mix	to put together
mob	a large number of people, a crowd

model	a small copy; an example to be followed
moderate	not extreme
modern	of the present time or times
money	the most common means of exchange
month	one of the 12 parts of the year
moon	the natural satellite of the earth
moral	as per common ideas of right or wrong
more	greater in number
morning	early part of the day ending at noon
most	greatest in quantity, amount, measure, degree
mother	a female parent who has given birth to a child
motion	the condition of moving
mountain	very high hill
mouth	the opening in the human face through which food is taken
move	to change position
much	in great quantity
murder	killing of a human being by another
muscle	body parts that produce movement
music	an artistic/artful forms or organization of sounds
must	to have to
my	belonging to me
mystery	anything that is unexplained or secret
nail	a thin pointed piece of metal; hard plate on back side of fingers
name	a word to call someone or something
narrow	of small or limited extent from one side to the other
nation	community of people occupying a defined territory
native	a person born in a certain place or country
navy	all the ships of war of a country
near	opposite of far
necessary	that must be

neck	body part that connects the head with the rest of the body
need	a state in which something is necessary
neighbor	one living near another
neither	not either
nerve	channels which connect different parts of the body for orders or information
neutral	not taking part in
never	not ever
new	not old
news	new information of any kind
next	following at once, nearest
nice	pleasing
night	the period between evening and morning
no	opposite of "yes", negative
noise	loud sound
noon	twelve o'clock in the day
normal	of the usual type
north	direction to the right as one faces the setting sun
nose	the part of the head just above the mouth for smelling
not	to express the opposite for a word or a group of words
note	a short written document
nothing	a zero quantity
notice	to discover the existence, presence or fact
now	at the present time
nowhere	in no place, at no place
number	a quantity of units
o**bey**	to do what one is ordered
object	anything that can be seen or touched
ob**serve**	to watch attentively
occupy	to be busy, to live in
o**ccur**	to take place
of	forming a part of

off	at a distance in space or time; not in operation
of**fen**sive	giving offense
offer	to present for acceptation, to suggest
office	a place of business
officer	any person in the armed services
often	frequently
oil	a thick liquid used as fuels; a mineral
old	having existed long
on	on top of; in operation
once	one time
only	one and no more
open	opposite of "close"; not shut or closed
operate	to work
o**pi**nion	a judgment not backed by proof
oppor**tu**nity	a possibility to seize
opposite	place face to face or back to back
opp**res**s	to keep down unjustly
or	used to give another choice
order	a command
organize	to form as a structured whole
other	the remaining one
ounce	a unit of weight
our	belonging to us
ours	belonging to us (pronoun)
oust	to remove from a position or office
out	away from inside
over	above in place or position
owe	to be in debt to
own	of or belonging to
page	each thin piece of paper of a book
pain	an unpleasant feeling in the body
paint	liquid that can be put on a surface to dry as a coating

pan	open container for holding liquids, for cooking, etc..
pants	a piece of clothing for the lower body
paper	a material used mainly for writing
pa**ra**de	a group moving along in an orderly way
parcel	a box with things in it
parent	father or mother; to raise and care for
parliamen	lawmaking body of a country
part	something less than the whole
party	a group of people doing something together
pass	1° to travel past 2° to go through a test
passenger	a person travelling in a ship, train, airplane, etc..
past	the time that is behind us
paste	something that will stick papers together
path	a track made by people or animals walking
patient	a person who requires medical care
pattern	an order of shapes, lines, colors, etc..
pay	to give what is due
peace	no war
pen	instrument for writing with a liquid
pencil	instrument for writing - dry
people	a body of persons of the same country
per**cent**	the one hundredth part of something
perfect	without mistake
per**for**m	to do, to carry out
per**haps**	possibly
period	between two points in time
permanent	fixed and lasting
per**mit**	to allow to do something
person	a human being
physical	of the body
pick	to select from a group
picture	a print of something on a flat surface taken by a camera

piece	one of the parts of a thing
pig	animal raised for food
pilot	a person trained to operate a plane
pint	a unit for measuring liquids
pipe	a tube through which a liquid or gas flows
place	a part of space
plain	simple, pure, evident to the mind
plan	a scale drawing of a structure
plane	an airplane
plant	any living thing that is not an animal; a factory
pl**as**tic	that can be shaped or formed
plate	from which food is eaten
play	to have fun
please	to give pleasure to
p**len**ty	a full supply
pocket	a small flat bag fixed into or onto pants or clothing
point	a geometric element where two lines are crossing
poison	a substance that is very dangerous to health
policy	a plan of action
politics	the science of government
pol**lu**te	to make physically unclean
poor	having little money
popular	widely liked
port	town where ships and boats can take shelter from storms
po**si**tion	a place where a thing or person is
poss**ess**	to have or own
possible	that can happen or exist
post**pon**e	to delay until a future time
po**ta**to	eaten as cooked vegetable
pound	the basic unit of money of the UK; a unit of weight
pour	to flow or cause to flow
powder	a solid reduced to dust

power	force as in armed forces
practice	to work on over and over in order to learn a skill
praise	the act of saying that a thing or person is good
pray	to speak to God
pregnant	carrying a baby
present	period of time between past and future; a gift
press	to act upon through continuous strength; the publishing of news in all forms
pretty	nice-looking or pleasing
pre**vent**	to keep from happening
price	money asked or given for something
print	to reproduce things on paper
prison	a public building in which criminals are kept
private	belonging to one person or persons
prize	a reward won in a competition
problem	a hard question
process	a set of actions in a special order
product	a thing that is manufactured
pro**fes**sor	a teacher of the highest level in a university
p**ro**fit	the return on a business undertaking
program	a listing of events for a public presentation
progress*	movement toward a goal
project*	a plan or a program
property	any thing or things owned
pro**po**se	to suggest
pro**te**ct	to keep from being hurt
protest	a statement that objects strongly
prove	to provide evidence for
pro**vi**de	to supply
public	of the community or the people
publish	to prepare and issue for the public
pull	to move by drawing something toward oneself

punish	to cause discomfort to a person because of some offense
purchase	to buy
pure	not mixed with anything else
purpose	goal, aim
push	to move away by pressing against it
put	to cause to be in some place
quality	a high and desirable level in a given thing or person
quart	a unit of liquid
quarter	one of four equal parts
queen	a female ruler of a country, a king's wife
question	something asked
quick	fast
quiet	silent, peaceful
quit	put an end to an activity or a state
quite	completely
race	a competition of speed
rad**ia**tion	the act of spreading out from a center
raid	a surprise attack
rail	a metal bar
rain	water falling in drops from the clouds
raise	cause to rise
range	the act of spreading out from a center
rare	not often to be found
rate	a quantity, amount in relation to something else
rather	somewhat
ray	a group of parallel lines of radiation
reach	to get to, to come to
react	to act in return to
read	to understand something that is written
ready	set for immediate action
real	true, having happened in fact
reason	the cause for an action

rec**ei**ve	to take or get
recognize	to identify from past experience
record*	written account; set down in permanent form
re**co**ver	to get back; to find a former condition
red	the color of blood
re**du**ce	to make less
refu**gee**	a person who leaves his country in time of war
refuse*	not accept
reg**ret**	to feel disappointed about
regular	fixed by rule, usual, normal
re**ject**	to refuse to take
re**la**tion	connections between people
rel**ea**se	to let go, to let loose
rem**ai**n	to continue in a place, stay
re**mem**ber	to bring back to the mind
rem**ove**	to move from one place to another
re**pair**	to fix
rep**eat**	to do or make again
rep**or**t	an account of facts
represent	to stand for
re**ques**t	to express the need or desire for
req**ui**re	to demand
rescue	to save from danger
re**sear**ch	a careful hunting for facts or truth
re**si**gn	to give up
re**sist**	to work against
reso**lu**tion	an action decided upon
re**sour**ce	any supply that will meet a need
res**pect**	to honor
res**pon**sible	involving the ability to act on one's own
rest	to stop acting when tired
res**trai**n	to control

re**sult**	to exist as an end
re**tir**e	to withdraw from working life
re**tur**n	to go or come back
rev**ol**t	to fight against a leader
rew**ard**	a return made for something done
rice	food grown throughout the world
rich	possessing great wealth
ride	to sit and travel on the back of an animal
right	correct; opposite of left;
ring	a circle; to sound loudly
riot	a wild, violent public action
rise	to move up
risk	the possibility of loss or danger
river	large stream of water that flows into an ocean, a lake, etc..
road	an open way for vehicles
rob	to steal from
rock	a hard part of natural matter
rocket	a device projected into space
roll	turning over and over
roof	the top covering of a building
room	a part of a house
root	part of a plant that grows into the ground
rope	a strong thick line
rough	not smooth
round	shaped like a ball
row	a line of people or things
rub	to move one thing back and forth against another
rubber	an elastic material made from the blood of a special tree
ruin	total destruction
rule	governing power
run	to move the legs quickly
sad	opposite of "happy"

safe	free from danger
sail	a piece of cloth spread to the wind to make a ship move
salt	white substance added to food for taste
same	not another
sand	very small loose pieces of rock
satisfy	meet a want or need
save	to rescue from danger
say	to speak
scale	the relation between the real size of something and its size on a map
scare	to frighten
school	a place for teaching and learning
science	knowledge of general facts
score	a number or letter marking quality
script	something written by hand
sea	a large body of salt water
search	to check in hopes of finding something
season	one of the four periods of the year
seat	a surface or place for sitting
second	a unit of time; one next after the first
secret	kept from being generally known
section	a part, a division
se**cu**rity	freedom from danger
see	to use the eyes to look
seed	the thing from which a flower or vegetable grows
seek	to try to find
seem	to appear to be
seize	to take hold of suddenly
seldom	not often to be found
self	one's own person
sell	to exchange for money
senate	a lawmaking body of the government

send	cause to go to some other place
sense	of the following: hearing, touching, smelling, tasting, seeing
sentence	a group of words with a subject and a verb
separate	be between, keep apart
series	a number of similar things one after another
serious	concerned with important matters rather than play
serve	to work for
set	to put in some place
settle	to choose a house and become established
several	being more than two or three but not many
se**ve**re	very serious
sex	either of the two divisions: male or female
shade	a partly dark place, not in the sun
shake	to move quickly backwards and forwards, up and down
shall	auxiliary, to show duty or express a command
shame	a feeling of having done something wrong
shape	the form of a thing
share	a part of anything owned with others
sharp	having a cutting edge
she	third person female pronoun
sheet	a thin piece of anything like paper
shelf	a flat piece of wood or metal to hold things such as books
shell	a hard outside covering of an animal or fruit
shelter	something that covers or protects from weather, danger
shine	to send out light
ship	a very big boat; to send
shirt	piece of clothing for the upper body
shock	a sudden, violent shake, blow or crash
shoe	covering of a person's foot
shoot	to hit with a bullet
shop	a place where one buys goods

short	not long, small from end to end
should	past tense of "shall"
shout	to make an extremely loud sound with the mouth
show	to cause to be seen
shrink	to become smaller
shut	to close, closed
sick	in poor health, having some disease
side	either the left or right half of a body
sign	to mark with one's name
signal	any mark used to mean or represent something
silence	no sound at all
silk	fine soft material used to make clothing
silver	a white metal valued for jewellery
similar	alike though not identical
simple	easy to do or understand
since	from then until now; because
sing	to produce music with the voice
single	one only
sister	a female having the same parents as another
sit	to rest on the lower backside
sit**ua**tion	a place
size	the amount of surface or space a thing takes up
skill	ability gained by practicing
skin	the covering of the body
skirt	a piece of clothing that covers the low part of the body
sky	the space high above the earth
slave	a person who is the property of another
sleep	a natural state of rest
slide	to move slowly along a surface while touching
slip	to slide
slow	not moving quickly
small	little

smart	intelligent
smash	to break into pieces
smell	what the nose does
smile	to look pleased
smoke	part of gases that one can see when anything burns
smooth	having an even surface
snack	a light meal
snake	a long animal with no legs
sneeze	to force out breath in an uncontrolled action
snow	drops of frozen water falling to earth in winter
so	to such a degree
soap	a substance to help clean or wash
social	living in groups, of human society
so**cie**ty	the totality of human relationships
soft	opposite of "hard"
soil	earth, ground
soldier	a person who serves in an army
solid	not a liquid or a gas
solve	to find an answer
some	a certain quantity
son	a male child in relation to his parents
song	a short music with words
soon	in a short time
sorry	feeling regret, sadness
sort	a kind, a class
soul	the part of the body which survives a person
sound	what can be heard
south	the direction to the left when facing the sunset
space	the area in which all things exist
speak	to give an understandable message
special	of a given particular kind
speech	communication by word of mouth

speed	distance travelled in a given time
spell	to write or say the letters of a word
spend	to pay out; to pass the time
spirit	the emotional nature of the human being
spot	an exact point
spread	cover or cause to cover a large area
spring	season between winter and summer
spy	a person who keeps secret watch on the actions of others
square	a form with four equal sides and right angles
stage	a period in a series of events
stairs	a series of steps for going from one level to another
stamp	a small piece of paper to put on letters as payment
stand	a person in an upright position
star	a space body one can see at night
start	to get in motion
starve	to die because of hunger
state	the condition of a person or thing; a nation
station	a place equipped with special equipment for a given purpose
status	condition, state
stay	to continue to be as before
steal	to take without the owner's permission
steam	gas into which water is changed when heated
steel	a hard mix of iron and other metal
step	a single movement of the foot in walking
stick	a long piece of wood
still	quiet
stomach	a large structure inside the body to process food
stone	solid mineral matter
stop	to keep from moving
store	a place where goods can be bought
storm	strong winds with rain or snow

story	an account of some happening
straight	direct
strange	not familiar, unusual
stream	a natural body of running water
street	a public road in a city
stretch	to make longer by pulling
strike	1°to hit against 2° to stop work
string	a thin line of winded light material
strong	having much force or power
st**ruc**ture	organization
struggle	to fight
study	to examine and give careful consideration to
stupid	not intelligent
subject	under the power of another
substance	matter
substitute	a person or thing taking the place of another
suc**ceed**	to achieve an event that reaches its purpose
such	of that kind
sudden	without warning
suffer	to feel pain
sugar	a sweet substance
sug**gest**	to propose
suit	a set of clothes to be worn together
summer	the warmest of the four seasons in the North half of the Earth
sun	the central star of our system as in the solar system
supervise	to watch and direct, to monitor
sup**ply**	to provide
sup**port**	to hold up or in position
sup**pose**	consider as a possibility
sup**press**	to hold back, to take out
sure	certain

surface	the outside of anything
sur**pri**se	an unexpected thing
surr**oun**d	come or be all around
sur**vi**ve	to remain alive or in existence
sus**pec**t	to mistrust, one who is mistrusted
sus**pen**d	to remove for a period
swallow	to pass food from the mouth to the stomach
swear	to give one's word before a judge
sweet	having a taste like sugar
swim	to move through the water like a fish
symbol	something that represents something else
sympathy	a sharing of another's trouble
system	a group of items which are part of a whole
table	piece of furniture with flat top on legs
tail	a thin part extending from the back of animals
take	to get possession of; to transport
talk	to speak
tall	higher than the average
target	a mark for shooting
task	work to be done
taste	the feeling produced by the mouth when eating
tax	money given by people for the support of government
tea	a drink made from tea leaves
teach	to communicate skills or knowledge to young people
team	a group of players in a game
tear	drops of clear liquid produced by the eyes
tear	to pull apart
tell	to express in words
term	a limited or fixed period of time
terrible	causing fear or terror
territory	Land
terror	a huge feeling of fear

test	a means to prove something
than	compare to that which
thank	to express and show pleasure after receiving a present or help
that	which
the	definite article
th**<u>e</u>**ater	a place for acting performances
their	belonging to them, possessive
theirs	belonging to them (pronoun)
them	objective form of "they"
then	at that time in the past or future
<u>the</u>ory	an explanation based on thought
there	away from the speaker
these	plural of this
they	people in general
thick	not thin
thin	having a short distance between opposite sides
thing	any object or substance
think	to form in the mind
third	the number three in a series
this	points to a person or a thing
those	plural of "that"
though	in spite of the fact that
thought	the content of the mind
<u>threa</u>ten	say what will be done to hurt
through	from end to end
throw	send through the air by a movement of the arm
thus	in this
tie	to attach with something
tight	held firmly
time	a period; the time given by a clock
tin	a container

tiny	extremely small
tire	what a very hard work or sport does to a person who has then difficulties to do more
title	a name given to a book, a painting
to	in the direction of
to**day**	the present day
to**ge**ther	in company
to**mo**rrow	the day after today
tone	any sound considered with respect to its quality
tongue	moving body part in the mouth
to**night**	on the present night
too	Also; a quantity larger than needed
tool	a hand instrument
tooth	one of the hard parts in the mouth for biting
top	the highest point or part
total	whole
touch	to cause a part of the body to physically feel something
to**ward**	in the direction of
town	a population center smaller than a city
track	a mark left by feet or vehicles
trade	an occupation; business of buying and selling
tra**di**tion	customs handed down from parents to children
traffic	the amount of moving vehicles on roads
train	connected line of railway cars; exercising
t**ran**sport*	to carry from one place to another
t**ra**vel	to go from one place to another
t**rea**son	betraying one's country
t**rea**sure	valuable things
treat	to act toward, to handle
t**rea**ty	a formal agreement between two or more states
tree	a tall plant with big branches
trial	the act of testing and trying

tribe	a social organization or division
trick	something done to lead someone in the wrong direction
trip	a traveling experience
troop	a group of people, soldiers
t**rou**ble	worry or difficulty
truck	a vehicle to transport loads
true	not false, agreeing with the facts
trust	quality of a person who respects the laws
try	to test
tube	a round container
turn	the act of changing direction
twice	two times
tyre	a round rubber covering for a wheel
under	to a lower place or side
unders**tan**d	to know, get the meaning of
unit	a thing, group, person as part of a whole
uni**ve**rse	the whole world
un**less**	if not, if it were not that
un**til**	up to the time of
up	toward a higher position
u**pon**	on
urge	a very strong desire
us	a accusative (object) form of "we"
use	to put into action
valley	low land between hills or mountains
value	worth, importance
vary	be subject to change
vegetable	a plant grown to be eaten
vehicle	a machine to carry passengers or goods on land
version	a description from a personal point of view
very	extremely
veto	the right or power to forbid or reject

vicious	mean, marked by vice
victim	one affected or killed by accident, disease
victory	the total defeat of an enemy
view	the act of seeing something
violence	rough force in action
visit	to go to see for business or pleasure
voice	a sound produced by humans
volume	the amount of a space; a sound level
vote	a formal expression of choice
wage	Pay
wait	to do nothing until something happens
walk	to go on foot
wall	an up and down structure of a building
want	to desire, to need
war	open fighting carried out by armies between nations
warm	more hot than cold
warn	to signal of a possible danger
wash	to clean with water or other liquid
waste	to spend without need
watch	to look carefully; small clock
water	a clear liquid necessary for life
wave	a "hill" of water that moves across the surface of a liquid; signal with movement of the hand
way	a line leading from one place to another
we	plural of "I"(you and me)
weak	lacking power
wealth	much money or property
weapon	an instrument used in wars
wear	to have on the body as clothing
weather	the condition of the atmosphere
week	a period of seven days
weight	to measure the weight

welcome	to receive in a friendly way
well	satisfactorily
west	the direction of the sunset, opposite to east
wet	covered with a liquid
what	which thing, which one
wheat	the substance with which you make bread
wheel	a solid disk that turns, a car rests on four such disks
when	at what time
where	at what place
whether	if it is so that
which	pronoun used in asking about one person in a group
while	at the same time that; a period of time
white	the color of snow or salt
who	used to ask the name of a person
whole	complete
why	for what cause
wide	opposite of narrow, filling much space from end to end
wife	a married woman
wild	living in the forest
will	used for the future, modal auxiliary verb.
win	finish first in a race
wind	air in motion
window	a wall opening that admits light or air
wine	a drink coming from a fruit with spirit in it, can make you drunk
wing	the part of a bird used in flying
winter	the coldest of the four seasons in the North part of the Earth
wire	metal drawn out into a thin line
wise	having knowledge and good judgment
wish	to want
with	in the company of

withdraw	draw back
with**ou**t	not having
woman	an adult female
wonder	to have a wish or desire to know something
wood	the hard substance of a tree
wool	made from the hair of some animals
word	an independent unit of language
work	all forms of human activity towards a given result
world	the earth
worry	to feel uneasy
worse	worse than bad, comparative form of 'bad'
worth	value or importance
wound	an injury
wreck	a person without physical or mental health 2° a machine totally out of order
write	communicate by marking letters on a surface
wrong	not right, bad
yard	a unit of length (=3 feet); a piece of land enclosed for a special activity
year	12 months or 365 days
yellow	the color of gold
yes	expresses agreement
yesterday	the day before today
yet	up to the present time
you	the person one is speaking to
young	in an early period of life